ULTIEME CINCO DE MAYO KOOKBOEK

Van taco's tot tres Leches , Ontdek de ware essentie van Cinco de Mayo met 100 overheerlijke recepten

Victor Kuipers

Auteursrechtelijk materiaal ©2024

Alle rechten voorbehouden

Geen enkel deel van dit boek mag in welke vorm of op welke manier dan ook worden gebruikt of overgedragen zonder de juiste schriftelijke toestemming van de uitgever en eigenaar van het auteursrecht, met uitzondering van korte citaten die in een recensie worden gebruikt . Dit boek mag niet worden beschouwd als vervanging voor medisch, juridisch of ander professioneel advies.

INHOUDSOPGAVE

INHOUDSOPGAVE 3
INVOERING 6
TACOS 7
   1. Kiptaco's uit de slowcooker 8
   2. Kiptaco Met Citrus En Kruiden 10
   3. Tinga- taco's van zoete aardappel en wortel 12
   4. Aardappel En Chorizo Taco's 14
   5. Zomer Calabacitas-taco's 16
   6. Romige taco's met kip en avocado 18
   7. Taco's van gegrild varkensvlees en papaja-salsa 20
   8. Geraspte Varkensvlees Taco's 22
   9. Kippenmaïstaco's Met Olijven 24
   10. Kip Chili Verde Taco's 26
   11. Kip Cheddar Verkoolde Maïstaco's 28
   12. Gegrilde garnalen en zwarte bonentaco's 30
   13. Zwartgeblakerde Cabo Vistaco's 32
   14. Pittige garnalentaco's 34
   15. Tilapia-taco's 36
   16. Kiptaco's Met Rijst En Sherry 38
   17. Gegrilde Kip & Rode Paprika Taco 40
RUNDVLEES EN LAM 42
   18. Rundvlees Taco's 43
   19. Rundvlees, Wilde Paddestoelen, En Poblano- taco's 45
   20. Taco's met mager rundvlees en bonen 47
   21. Taco's met rundvlees-cheddar 49
   22. BBQ-rundvlees-taco's 51
   23. Taco's De Barbacoa 53
ENCHILADAS 55
   24. Garnalen En Kaas Enchiladas 56
   25. Kip En Kaas Met Verde 58
   26. Vegetarische Enchiladas met Zwarte Bonen En Kaas 60
   27. Basis rundvlees-enchiladas 62
   28. Enchiladas Met Rundvlees En Bonen 64
   29. Pittige rundvlees-enchiladas 66
   30. Enchiladas met gemengde bonen 68
   31. Enchilada Zwarte Bonen Lasagne 70
   32. Kaasachtige kip-enchiladas 73
   33. Romige Kip Enchiladas Met Poblano -saus 75
   34. Kip Enchiladas Met Verde Saus 78
   35. Romige Kip Enchiladas Met Tomatillosaus 80
   36. Kip Enchilada Nacho's 83

37. Enchiladas van zwarte bonen en maïs 85

VIS EN ZEEVRUCHTEN 87
38. Garnalen Enchiladas 88
39. Enchiladas van krab 90
40. Enchiladas met zeevruchten 92
41. Enchiladas met zalm 95
42. Rundvlees Enchiladas Met Huisgemaakte Saus 97
43. Rundvlees Enchiladas Met Groene Saus 99
44. Enchiladas uit de slowcooker 101

GUACAMOL 103
45. Knoflook- guacamole 104
46. Geitenkaas-guacamole 106
47. Hummus-guacamole 108
48. Kimchi-guacamole 110
49. Spirulina Guacamole-dip 112
50. Kokos Limoen Guacamole 114
51. Nori Guacamole 116
52. Passievrucht-guacamole 118
53. Moringa -guacamole 120
54. Mojito-guacamole 122
55. Mimosa-guacamole 124
56. Zonnebloem-guacamole 126
57. Guacamole van Drakenfruit 128

TAMALES 130
58. Cinco De Mayo Margarita Tamales 131
59. Nieuwe Mexicaanse varkensvleestamales 133
60. Varkensvleestamales uit Chili 136
61. Geraspte vleestamales 140
62. Geraspte Varkensvlees Tamales 143
63. Tijdwarp Tamales 146
64. Tamales Met Kip En Salsa Verde 149
65. Kiptamales Met Paprika- En Basilicumsaus 152
66. Chileense gekruide gepureerde maïstamales 155
67. Succotash Tamales 157
68. Zoete bonentamales 159
69. Zoete Zwarte Rijst Tamales Met Ha Gow 162
70. Groene maïs tamale braadpan 166
71. Kool Tamales 168
72. Chilahuates (in bananenbladeren verpakte tamales) 170
73. Garnalen En Maïstamales 173
74. Kreeft En Avocado Tamales 175
75. Krab En Geroosterde Rode Paprika Tamales 177
76. Zalm En Dille Tamales 179

CHURROS 181
77. Basis gebakken churros 182
78. Basis gebakken churros 184
79. Kaneel Churros 187
80. Churros met vijf kruiden 189
81. Pittige maïschurros 191
82. Chocolade churros 195
83. Met karamel gevulde churros 197
84. Dulce De Leche Churros 199

VLAAI 201
85. Chocolade vlaai 202
86. Vanille Baileys Karamelvlaai 204
87. Pittige Horchata-vlaai 206
88. Pimentvlaai 209

TRES LECHES-CAKE 211
89. Passievrucht Tres Leches-cake 212
90. Guava Tres Leches-cake 215
91. Baileys Tres Leches -taart 218
92. Wit-Russische Tres Leches 221
93. Perzik Bourbon Tres Leches 224
94. Margarita Tres Leches-taart 227
95. Pumpkin Spice Tres Leches -taart 230
96. Kaneel Tres Leches -taart 233

DESSERTBORDEN 236
97. Cinco De Mayo Fiesta-dessertbord 237
98. Churro-dessertbord 239
99. Tres Leches Dessertbord 241
100. Mexicaanse Fruitsalade Dessertbord 243

CONCLUSIE 245

INVOERING

Maak kennis met het 'Ultieme Cinco de Mayo-kookboek', uw paspoort naar de levendige en heerlijke wereld van Cinco de Mayo-vieringen. Tijdens deze culinaire reis nodigen we je uit om de ware essentie van deze feestelijke vakantie te ontdekken met een samengestelde verzameling van 100 overheerlijke recepten die variëren van taco's tot tres . leches en alles daar tussenin. Cinco de Mayo is meer dan alleen een herdenkingsdag; het is een viering van de Mexicaanse cultuur, geschiedenis en natuurlijk de ongelooflijke keuken.

Op de pagina's van dit kookboek ontdek je een schat aan recepten die de geest en smaken van Cinco de Mayo weergeven. Van klassieke gerechten zoals taco's, enchiladas en guacamole tot feestelijke desserts zoals churros, flan en natuurlijk tres leches cake, elk recept is zo gemaakt dat het de levendige kleuren en gedurfde smaken van de Mexicaanse keuken oproept. Of u nu een feest organiseert met vrienden of gewoon wilt genieten van een heerlijke maaltijd met uw gezin, deze recepten zullen uw smaakpapillen zeker verrassen en u naar het hart van Mexico brengen. Wat het "Ultieme Cinco de Mayo Kookboek" onderscheidt, is zijn toewijding aan authenticiteit en culinaire uitmuntendheid. Elk recept is zorgvuldig geselecteerd en getest om ervoor te zorgen dat het de ware essentie van Cinco de Mayo weergeeft, waarbij de rijke culinaire tradities van Mexico worden geëerd en tegelijkertijd een moderne draai wordt gegeven aan de hedendaagse thuiskoks . Met eenvoudig te volgen instructies, handige tips en verbluffende fotografie is dit kookboek uw gids voor het creëren van onvergetelijke Cinco de Mayo-feesten.

Terwijl we samen aan dit culinaire avontuur beginnen, wil ik mijn hartelijke dank uitspreken voor het samen met mij vieren van de levendige smaken en het rijke culturele erfgoed van Cinco de Mayo. Moge uw keuken gevuld zijn met de aroma's van zinderende taco's, pittige salsa's en decadente desserts, en moge elke hap u dichter bij de geest van deze vreugdevolle vakantie brengen. Dus pak je schort, slijp je messen en bereid je voor op een heerlijke reis door de smaken van Mexico. ¡Viva Cinco de Mayo!

TACOS

1.Kiptaco's uit de slowcooker

INGREDIËNTEN:
- 2 pond kipfilet of dijen
- 8 stuks biologische of gewone tortilla's
- 1 kop biologische of zelfgemaakte salsa
- ½ kopje water
- 2 theelepel gemalen komijn
- 2 theelepel chilipoeder
- 1 theelepel knoflookpoeder
- 1 theelepel gemalen koriander
- ¼ theelepel cayennepeper (meer voor meer pit)
- ½ theelepel zeezout
- ¼ theelepel zwarte peper
- Toppings: Vers gesneden groenten naar keuze, verse koriander, olijven, avocado, verse salsa, partje limoen, enz.

INSTRUCTIES:
a) Doe de stukken kip in de slowcooker samen met water, gemalen komijn, chilipoeder, knoflookpoeder, gemalen koriander, cayennepeper, zout en peper. Meng om de kip te bedekken.
b) Kook gedurende 4 tot 5 uur op de hoogste stand.
c) Verwijder de kip en rasp. Keer terug naar de slowcooker en kook nog eens 30 minuten.
d) Serveer de kip in tortillawraps en voeg salsa en toppings naar keuze toe.

2.Kiptaco Met Citrus En Kruiden

INGREDIËNTEN:
TACOS
- 6 Kippendijen, met vel
- 3 kippenborsten, met vel
- 2 Limoenen, schil en sap
- 2 Citroenen, schil en sap
- 1 kop Gemengde verse kruiden
- ¼ kopje Vermouth of droge witte wijn
- ¼ kopje olijfolie
- 1 theelepel komijn, geroosterd
- 1 theelepel koriander, geroosterd
- 1 theelepel knoflook, fijngehakt

GARNEERIDEEËN:
- Geplukte Koriander Limoenwiggen Radijsluciferstokjes
- Sla julienne (spinazie, ijsberg, boter of kool)
- Pico de Gallo
- Geraspte kaas
- Zure room
- Ingelegde hete pepers

VERZAMELEN
- 12 bloemtortilla's

INSTRUCTIES:
TACOS
a) Meng alle ingrediënten en laat de kip minimaal 4 uur marineren.
b) Grill de kip eerst met het vel naar beneden op de grill.
c) Wanneer het koel genoeg is om te hanteren, hak het dan grof.

OM DE TACOS TE SAMENSTELLEN
a) Neem twee tortilla's en doe er ongeveer een kwart kip in en beleg ze met de gewenste garnituren.
b) Serveer zwarte bonen- en rijstsalade naast taco's.

3.Tinga- taco's van zoete aardappel en wortel

INGREDIËNTEN:
- ¼ kopje water
- 1 kop Dun gesneden witte ui
- 3 teentjes knoflook, fijngehakt
- 2 ½ kopjes Geraspte zoete aardappel
- 1 kop Geraspte wortel
- 1 blik (14 ons) In blokjes gesneden tomaten
- 1 theelepel Mexicaanse oregano
- 2 Chipotle-pepers in adobo
- ½ kopje Groentebouillon
- 1 avocado, in plakjes
- 8 Tortilla's

INSTRUCTIES:
a) Voeg in een grote sauteerpan op middelhoog vuur water en ui toe en kook 3-4 minuten, tot de ui doorschijnend en zacht is. Voeg de knoflook toe en blijf koken, al roerend gedurende 1 minuut.
b) Voeg de zoete aardappel en de wortel toe aan de pan en kook 5 minuten, terwijl je regelmatig roert.

SAUS:
c) Doe de tomatenblokjes, de groentebouillon, de oregano en de chipotlepaprika's in de blender en maal tot een gladde massa.
d) Voeg de chipotle-tomatensaus toe aan de pan en kook 10-12 minuten, af en toe roerend, tot de zoete aardappelen en wortels gaar zijn . Voeg indien nodig meer groentebouillon toe aan de pan.
e) Serveer op warme tortilla's en beleg met plakjes avocado.

4.Aardappel En Chorizo Taco's

INGREDIËNTEN:
- 1 eetlepel plantaardige olie, optioneel
- 1 kopje ui, wit, fijngehakt
- 3 kopjes Aardappel, geschild, in blokjes gesneden
- 1 kop Veganistische chorizo, gekookt
- 12 tortilla's
- 1 kopje van je favoriete salsa

INSTRUCTIES:
a) Verhit 1 eetlepel olie in een grote koekenpan op middelhoog vuur. Voeg de uien toe en kook tot ze zacht en doorschijnend zijn, ongeveer 10 minuten.
b) Terwijl de uien koken, doe je de gesneden aardappelen in een kleine pan met gezouten water. Breng het water op hoog vuur aan de kook. Zet het vuur middelhoog en laat de aardappelen 5 minuten koken.
c) Giet de aardappelen af en doe ze samen met de ui in de pan. Zet het vuur middelhoog. Kook de aardappelen en uien gedurende 5 minuten of tot de aardappelen bruin beginnen te worden. Voeg indien nodig meer olie toe.
d) Voeg de gekookte chorizo toe aan de pan en meng goed. Kook nog een minuut.
e) Breng op smaak met zout en peper.
f) Serveer met warme tortilla's en de salsa naar keuze.

5.Zomer Calabacitas-taco's

INGREDIËNTEN:
- ½ kopje Groentebouillon
- 1 kopje ui, wit, fijngesneden
- 3 teentjes knoflook, fijngehakt
- ¼ kopje groentebouillon of water
- 2 courgettes, groot, in blokjes gesneden
- 2 kopjes Tomaat, in blokjes gesneden
- 10 tortilla's
- 1 avocado, in plakjes
- 1 kopje favoriete salsa

INSTRUCTIES:

a) In een grote pot met dikke bodem, op middelhoog vuur zetten; Zweet de ui in ¼ kopje groentebouillon gedurende 2 tot 3 minuten tot de ui glazig is.

b) Voeg de knoflook toe en giet de resterende ¼ kop groentebouillon erbij, dek af en laat stomen.

c) Ontdek, voeg courgette toe en kook 3-4 minuten tot het zacht begint te worden.

d) Voeg de tomaat toe en kook nog 5 minuten, of tot alle groenten gaar zijn.

e) Breng op smaak en serveer op warme tortilla's met avocadoschijfjes en salsa.

6.Romige taco's met kip en avocado

INGREDIËNTEN:
- 1 ons rijpe avocado
- 2 eetlepels Magere natuurlijke yoghurt
- 1 theelepel Citroensap
- Zout en peper
- Een paar blaadjes sla, versnipperd
- 1 sjalot of 3 lente-uitjes, getrimd en in plakjes gesneden.
- 1 Tomaat in partjes gesneden
- Een kwart peper, fijngehakt
- 2 Tacoschelpen
- 2 ons gebraden kip, in plakjes gesneden

INSTRUCTIES:
a) Pureer de avocado in een kleine kom met een vork tot een gladde massa. Voeg de yoghurt en het citroensap toe en roer tot het gemengd is. Breng op smaak met zout en peper.
b) Meng de sla, sjalot of lente-uitjes, tomaat en groene of rode paprika.
c) Verwarm de tacoschelpen onder een matige grill gedurende 2 tot 3 minuten.
d) Haal ze eruit en vul ze met het salademengsel. Leg de kip erop en schep de avocadodressing erover. Serveer onmiddellijk.

7.Taco's van gegrild varkensvlees en papaja-salsa

INGREDIËNTEN:
- 1 papaja; geschild, gezaaid, in blokjes van ½ inch gesneden
- 1 kleine rode chili; gezaaid en fijngehakt
- ½ kopje Rode ui; gehakt
- ½ kopje rode paprika; gehakt
- ½ kopje verse muntblaadjes; gehakt
- 2 eetlepels Limoensap
- ¼ pond Varkensgebraad zonder been; in reepjes gesneden
- ½ kopje verse papaja; gehakt
- ½ kopje verse ananas; gehakt
- 10 bloemtortilla's, opgewarmd
- 1½ kopje Monterey Jack-kaas; versnipperd (6 oz)
- 2 eetlepels margarine of boter; gesmolten

INSTRUCTIES:
a) Kook varkensvlees in een koekenpan van 25 cm op middelhoog vuur gedurende ongeveer 10 minuten, af en toe roerend, tot het niet meer roze is; droogleggen.

b) Papaya en ananas erdoor roeren. Verwarm, af en toe roerend, tot het heet is. Verwarm de oven tot 425F.

c) Schep ongeveer ¼ kopje van het varkensvleesmengsel op de helft van elke tortilla; bestrooi met ongeveer 2 eetlepels kaas.

d) Vouw tortilla's overvulling. Schik vijf van de gevulde tortilla's in een niet-ingevette jelly roll-pan, 15 ½x10 ½x1 inch; bestrijk met gesmolten margarine.

e) Bak onafgedekt ongeveer 10 minuten of tot ze licht goudbruin zijn. Herhaal met de resterende taco's. Serveer met Papaya Salsa.

8.Geraspte Varkensvlees Taco's

INGREDIËNTEN:
- ½ pond varkensgebraad
- 12 zachte huisgemaakte taco's
- 1 kop gesneden uien
- ½ kopje gehakte tomaten en 1 avocado
- 1 blik tomaten en 2-3 jalapeno- chilipepers
- ½ kopje zure roomsaus
- 1 ancho chili en 1 kopje water
- 1 kopje geraspte sla
- ½ theelepel zout en peper
- 1 kopje geraspte cheddarkaas

INSTRUCTIES:

a) Neem een grote pan en voeg het gehakte varkensvlees, de groenten, het water en de kruiden toe, terwijl u af en toe roert gedurende 20 minuten. Haal de groenten en het kippenvlees uit het kookvocht en snijd ze in kleine stukjes.

b) Stel de zelfgemaakte tortilla's samen met sla, varkensvlees, groenten, zure roomsaus, geraspte kaas, in blokjes gesneden tomaten en avocado's.

9.Kippenmaïstaco's Met Olijven

INGREDIËNTEN:
- ⅔ kopje Plus 2 eetlepels. gekookte kipfilet; versnipperd
- 1 pakje Taco kruidenmix
- 3 ons ingeblikte maïs in Mexicaanse stijl; gedraineerd
- 4 Tacoschelpen of bloemtortilla's
- ⅓ kopje Plus 1 eetl. sla; versnipperd
- ½ middelgrote tomaat; gehakt
- 1 eetlepel plus 2 theelepels gesneden rijpe olijven
- 1 ons geraspte cheddarkaas

INSTRUCTIES:
a) Combineer de kip- en tacokruidenmix in een koekenpan op middelhoog vuur.
b) Voeg de hoeveelheid water toe die op de verpakking staat aangegeven voor een tacovulling. Aan de kook brengen. Zet het vuur laag tot medium.
c) Laat 5-10 minuten sudderen, af en toe roeren, of tot het water verdampt is. Roer de maïs erdoor en kook tot het goed verwarmd is.
d) Verwarm ondertussen de tacoschelpen of tortilla's zoals aangegeven op de verpakking. Vul elke schaal met ¼ kopje kipvulling.
e) Beleg elk gerecht met sla, tomaat, olijven en kaas.

10. Kip Chili Verde Taco's

INGREDIËNTEN:
- 3 kopjes geraspte kool
- 1 kopje verse koriander - licht verpakt
- 1 kopje groene chilisalsa
- 1 pond Kipfilet zonder bot, zonder vel
- 1 theelepel Saladeolie
- 1 Kipfilet zonder bot, zonder vel – in de lengte doorgesneden
- 3 teentjes knoflook - fijngehakt
- 1 theelepel Gemalen komijn
- ½ theelepel gedroogde oregano
- 8 Meeltortilla's
- Minder vet of normaal

INSTRUCTIES:
a) Combineer kool, koriander en salsa in een serveerschaal; opzij zetten.
b) Snijd de kip kruislings in reepjes van een halve centimeter breed. Roer in een koekenpan met anti-aanbaklaag van 10 tot 12 inch op middelhoog vuur de olie, ui en knoflook gedurende 2 minuten. Zet het vuur hoog, voeg de kip toe en roer vaak tot het vlees in het midden niet meer roze is, 4 tot 6 minuten.
c) Voeg komijn en oregano toe; roer gedurende 15 seconden. Schep in een serveerschaal. 3.
d) Wikkel de tortilla's in een stoffen handdoek en kook ze in de magnetron op vol vermogen tot ze heet zijn, ongeveer 1½ minuut. Schep aan tafel het kool-kipmengsel in de tortilla's.

11. Kip Cheddar Verkoolde Maïstaco's

INGREDIËNTEN:
- ⅔ kopje Plus 2 eetlepels. gekookte kipfilet; versnipperd
- 1 pakje Taco kruidenmix
- 3 ons verkoolde maïs
- 4 Tacoschelpen of bloemtortilla's
- ⅓ kopje Plus 1 eetl. sla; versnipperd
- ½ middelgrote tomaat; gehakt
- 1 eetlepel plus 2 theelepels gesneden rijpe olijven
- Zure room
- 1 ons geraspte cheddarkaas

INSTRUCTIES:
a) Combineer de kip- en tacokruidenmix in een koekenpan op middelhoog vuur.
b) Voeg de hoeveelheid water toe die op de verpakking staat aangegeven voor een tacovulling. Aan de kook brengen.
c) Zet het vuur laag tot medium. Laat 5-10 minuten sudderen, af en toe roeren, of tot het water verdampt is.
d) Roer de maïs erdoor en kook tot het goed verwarmd is.
e) Verwarm ondertussen de tacoschelpen of tortilla's zoals aangegeven op de verpakking. Vul elke schaal met ¼ kopje kipvulling.
f) Beleg elk gerecht met sla, tomaat, olijven en kaas.
g) Druppel zure room erover.

12. Gegrilde garnalen en zwarte bonentaco's

INGREDIËNTEN:
- 1 pond gepelde garnalen
- 12 maistortilla's
- 2 eetlepels chilipoeder
- 1 ½ eetlepel geperst limoensap
- 1 kop zwarte bonen
- Pico de Gallo
- ½ theelepel olijfolie van eerste persing
- ¼ theelepel zout
- 6 spiesjes

INSTRUCTIES:
a) Verwarm de grill voor, bereid de saus voor en verwarm de zwarte bonen, het limoensap, het chilipoeder en het zout in een middelgrote pan.
b) Wanneer er een gladde pasta ontstaat, maak je de garnalenspiesjes klaar. Ze moeten aan beide kanten ongeveer 1-2 minuten worden gebakken, borstel vervolgens elke garnaal en gril ze nog eens 2 minuten.
c) Bouw je tortilla en voeg de garnalen, saus en kruiden toe.

13.Zwartgeblakerde Cabo Vistaco's

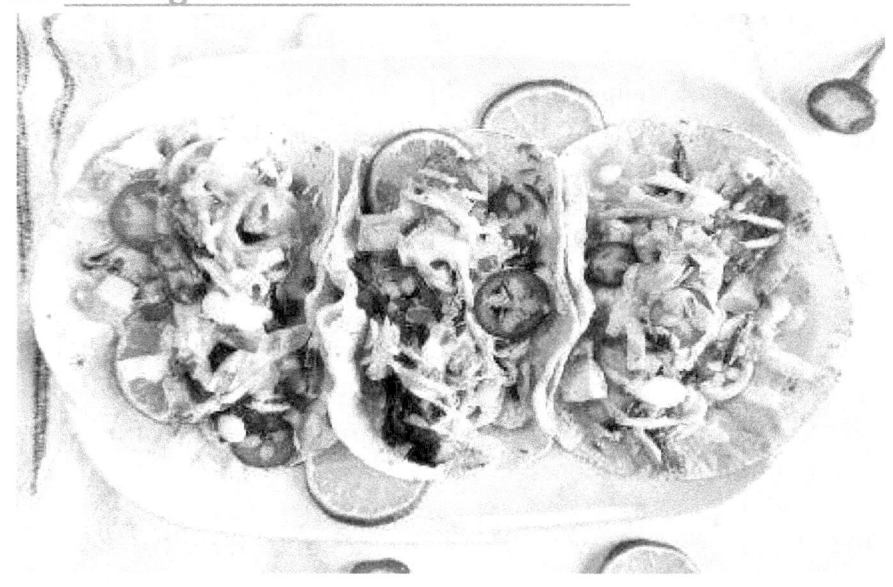

INGREDIËNTEN:
- 1½ pond witte vis en 8 ons vismarinade
- 12 maistortilla's
- ¾ pond Aziatische sla
- 9 eetlepels limoenzure room
- 4 ons boter
- 7 eetlepels chipotle aioli
- 7 eetlepels Pico de Gallo
- 2 eetlepels zwarte peperkruiden
- Chipotle Aioli
- ¾ kopje mayonaise
- 1 theelepel limoensap
- 1 eetlepel mosterd
- Kosjer zout en gemalen zwarte peper
- 2 chipotle-paprika's

INSTRUCTIES:
a) Begin met het smelten van de ongezouten boter in een middelgrote pan, voeg de gemarineerde witte vis toe, strooi wat zwarte peperkruiden en bak ze 2 minuten aan beide kanten.
b) Verwarm elke tortilla aan beide kanten en voeg de gebakken kip, de chipotle aioli-saus, een paar Pico de Gallo, wat Aziatische slaw en wat kruiden toe.

14.Pittige garnalentaco's

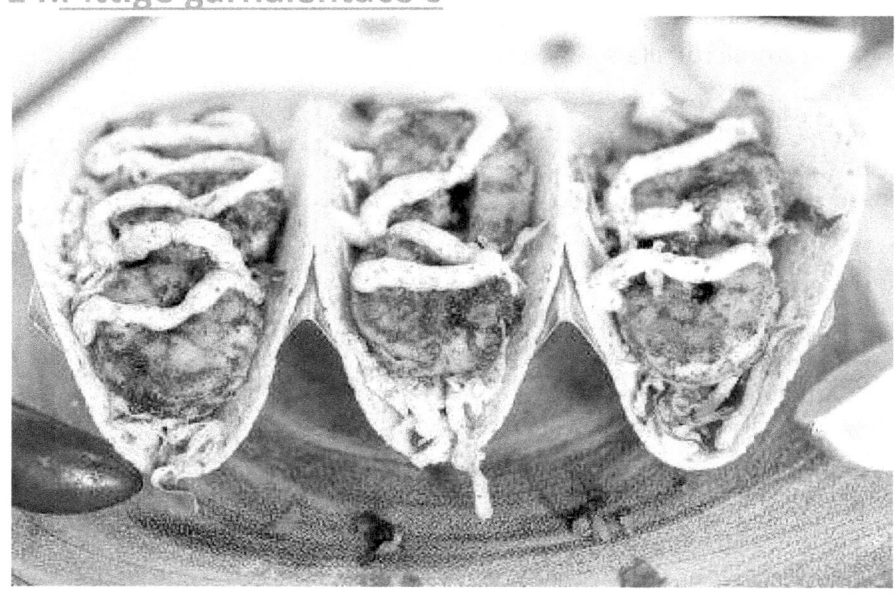

INGREDIËNTEN:
- 4 koolhydraatarme tortilla's
- 4 eetlepels mangosalsasaus
- 16 grote garnalen
- 1 eetlepel vers gehakte koriander
- 1 kopje Romaine sla
- ½ kopje cheddarkaas
- 4 theelepel chilisaus
- ½ kopje gebakken uien
- Sap van 1 limoen

INSTRUCTIES:
a) gedurende 5 minuten in de sirachasaus te spiesen .
b) Zet de grill aan en bak de uien een paar minuten, tot ze goed gaar zijn.
c) Leg elke tortilla neer en beleg met zure room, garnalen, sla, geraspte kaas, gegrilde uien en andere smaakmakers.

15. Tilapia-taco's

INGREDIËNTEN:
- 1 pond Tilapia visfilet
- 2 witte maistortilla's
- ½ gesneden avocado
- ¼ theelepel olijfolie
- 1 tomaat
- 1 witte ui
- 1 limoensap
- 1 handvol koriander

INSTRUCTIES:

a) Begin in een verwarmde oven met het braden van de tortilla's en de tilapia-visfilet aan beide kanten, maar breng de vis op smaak met wat olijfolie, zout en peper. Meng de tomaat, het limoensap, de ui en de kruiden in een middelgrote kom.

b) Leg een mooie laag geraspte vis over elke tortilla, voeg het mengsel uit de kom toe en de gesneden avocado, en leg de resterende vis er bovenop.

16. Kiptaco's Met Rijst En Sherry

INGREDIËNTEN:
- 2 pond kippendelen
- ¼ kopje bloem
- 2 theelepels Zout
- ¼ theelepel Peper
- 1 kopje ui, gehakt
- ¼ kopje boter
- 2 eetlepels Worcestershiresaus
- ¼ theelepel knoflookpoeder
- 1 kopje chilisaus
- 1½ kopje kippenbouillon
- 3 kopjes hete rijst, gekookt
- ½ kopje droge sherry

INSTRUCTIES:
a) Rol de kip door de gecombineerde bloem, zout en peper.
b) Bruin in margarine.
c) Duw de kip opzij.
d) Voeg uien toe en bak tot ze transparant zijn.
e) Roer de overige ingrediënten erdoor, behalve de rijst. Breng aan de kook, dek af, zet het vuur lager en laat 35 minuten sudderen.
f) Serveer kip en saus op een bedje van luchtige rijst.

17.Gegrilde Kip & Rode Paprika Taco

INGREDIËNTEN:
- 1½ pond Kip zonder been, zonder vel b
- 2 Rode paprika's geroosterde plas
- 2 stengels bleekselderij, gewassen en in plakjes gesneden
- 1 Middelgrote rode ui, geschild en gehakt
- ½ kopje Gekookte zwarte bonen
- ¼ kopje Gehakte korianderblaadjes
- ¼ kopje balsamicoazijn
- ¼ kopje olie
- ¼ kopje sinaasappelsap
- ¼ kopje limoensap
- 2 teentjes knoflook, gepeld en mi
- 1 theelepel Gemalen korianderzaad
- ½ theelepel Peper
- ½ theelepel zout
- ¼ kopje Zure room of magere yoghurt
- 6 (8-inch) bloemtortilla's

INSTRUCTIES:

a) STEK EEN GRILL AAN OF VERWARM een grill voor. Wrijf de kipfilets in een gelijkmatige dikte en gril of gril ze aan beide kanten tot ze gaar zijn, maar niet uitgedroogd, ongeveer 4 minuten per kant. Het is verstandig om de paprika's tegelijkertijd te grillen. Snijd en zet opzij.

b) Combineer de paprika, selderij, ui, zwarte bonen en koriander in een mengkom. Meng de azijn, olie, sinaasappelsap, limoensap, knoflook, koriander en peper. Combineer met zout en zure room of yoghurt in een pot met een goed sluitend deksel. Goed schudden en de dressing over de groenten gieten.

c) Marineer de groenten gedurende 1 uur op kamertemperatuur. Zet een grote koekenpan op middelhoog vuur en gril de tortilla's 30 seconden aan een kant om ze zacht te maken. Verdeel de kip over de tortilla's en plaats deze in het midden van de tortilla.

d) Verdeel de groenten en hun dressing over de kip en rol de tortilla in een cilinder.

e) Serveer onmiddellijk; het gerecht moet op kamertemperatuur zijn.

RUNDVLEES EN LAM

18. Rundvlees Taco's

INGREDIËNTEN:
- ½ pond mager rundergehakt
- 8 volkoren tortilla's
- 1 pakje tacokruiden
- Geraspte Romeinse sla en 2 grote tomaten
- ¾ kopje water
- 2 kopjes geraspte cheddarkaas

INSTRUCTIES:
a) Voeg wat water, rundergehakt en tacokruiden toe aan een middelgrote pan en breng alles aan de kook.
b) Verwarm de taco's aan beide kanten volgens de instructies op de verpakking en beleg ze met het vlees, de groenten en de saus.

19. Rundvlees , Wilde Paddestoelen, En Poblano-taco's

INGREDIËNTEN:
- 1 eetlepel olijfolie
- 12 maistortilla's
- 1 pond biefstuk
- 12 eetlepels salsasaus & ½ theelepel koriander
- ½ theelepel zout en zwarte peper
- 2 kopjes rauwe ui en 1 kopje gehakte knoflook
- ¾ kopje Mexicaanse kaas
- 1 Poblano- peper
- 2 kopjes wilde paddenstoelen

INSTRUCTIES:

a) Begin met het bruinen van het biefstukvlees in een geoliede middelgrote pan, samen met peper en zout. Haal de steaks er na 5 minuten aan beide kanten uit en leg ze opzij.

b) Voeg de overige ingrediënten toe aan de pan en bak ze 5 minuten.

c) Serveer de warme tortilla's met het champignonmengsel, gesneden biefstuk, salsasaus en geraspte Mexicaanse kaas.

20.Taco's met mager rundvlees en bonen

INGREDIËNTEN:
- 1 pond rundergehakt
- opnieuw gebakken bonen
- 8 tacoschelpen en tacokruiden
- 1 zoete ui
- salsasaus
- geraspte cheddarkaas
- 1 gesneden avocado
- zure room

INSTRUCTIES:
a) Begin met het koken van het rundvlees in een geoliede pan en voeg de bonen en kruiden toe.
b) Leg de taco's op een bord en voeg het vleesmengsel, de salsasaus, de zure room, de gesneden avocado en de geraspte cheddarkaas toe.

21.Taco's met rundvlees-cheddar

INGREDIËNTEN:
- 1 ½ pond mager rundergehakt
- 8 hele maistortilla's
- 1 pakje tacokruiden
- 1 potje salsasaus
- 2 kopjes geraspte cheddarkaas

INSTRUCTIES:
a) In een geoliede koekenpan het rundergehakt langzaam bruin bakken, de salsasaus toevoegen, goed mengen en het vlees laten uitlekken.
b) Verwarm elke tortilla en voeg het vleesmengsel, de kruiden, wat salsasaus en cheddarkaas toe.

22.BBQ-rundvlees-taco's

INGREDIËNTEN:
- 1 pond mager rundergehakt (of kalkoen)
- ½ kopje Mexicaanse geraspte kaas
- 1 gesneden ui en rode paprika
- 8 volkoren tortilla's
- ½ kopje barbecuesaus
- 1 in blokjes gesneden tomaat

INSTRUCTIES:

a) Begin met het koken van het rundvlees, de uien en de paprika's in een medium geoliede koekenpan tot ze goed gaar zijn, af en toe roeren.
b) Voeg de saus toe en kook alles 2 minuten.
c) Giet het vleesmengsel over elke tortilla en beleg met kaas en tomaten voordat je ze serveert.

23. Taco's De Barbacoa

INGREDIËNTEN:
- 4 pond rundvlees
- ¼ kopje ciderazijn
- 20 maïstortilla's
- 3 eetlepels limoensap
- ¾ kopje kippenbouillon
- 3-5 ingeblikte chipotle- chilipepers
- 2 eetlepels plantaardige olie en 3 laurierblaadjes
- 4 teentjes knoflook en komijn
- 3 theelepels Mexicaanse oregano
- 1 ½ theelepel zout en gemalen zwarte peper
- ½ theelepel gemalen kruidnagel
- ui, koriander en limoenpartjes (gehakt)

INSTRUCTIES:
a) Meng in een middelgrote kom het limoensap , de knoflookteentjes, de ciderazijn en andere smaakmakers tot ze glad worden als een pasta.

b) Neem het vlees en bak het in een geoliede koekenpan gedurende 5 minuten, aan beide kanten. Voeg het mengsel uit de kom toe aan het vlees en blijf goed roeren.

c) Voeg het mengsel na nog eens 10 minuten, terwijl de ingrediënten aan het sudderen zijn, toe aan de voorverwarmde oven. Kook ongeveer 4-5 uur.

d) Serveer de maïstortilla's met het ovenmengsel, uien, koriander, partjes limoen en andere smaakmakers.

ENCHILADAS

24. Garnalen En Kaas Enchiladas

INGREDIËNTEN:
- 12 maistortilla's
- 2 kopjes geraspte Monterey Jack-kaas
- 1 pond middelgrote garnalen, gepeld en ontdaan van darmen
- ¼ kopje gehakte ui
- 2 teentjes knoflook, fijngehakt
- 2 eetlepels plantaardige olie
- 1 blik (10 ons) groene enchiladasaus
- Zout en peper naar smaak

INSTRUCTIES:
a) Verwarm de oven voor op 375 ° F. Verhit de olie in een grote koekenpan op middelhoog vuur.
b) Voeg ui en knoflook toe en kook tot de ui zacht is, ongeveer 5 minuten. Voeg garnalen toe en kook tot ze roze zijn, ongeveer 3-4 minuten.
c) Haal van het vuur.
d) Warm de tortilla's 30 seconden op in de magnetron. Vul elke tortilla met een handvol kaas en een lepel garnalenmengsel.
e) Rol het strak op en leg het met de naad naar beneden in een ingevette ovenschaal.
f) Giet groene enchiladasaus over de bovenkant van de enchiladas. Bestrooi met de overgebleven kaas.
g) Dek af met folie en bak gedurende 20 minuten. Verwijder de folie en bak nog eens 10-15 minuten tot de kaas gesmolten en bubbelend is.

25.Kip En Kaas Met Verde

INGREDIËNTEN:
- 12 maistortilla's
- 2 kopjes geraspte Monterey Jack-kaas
- 2 kopjes gekookte en versnipperde kip
- 1 blik (10 ons) groene enchiladasaus
- ½ kopje zure room
- ¼ kopje gehakte koriander
- Zout en peper naar smaak

INSTRUCTIES:
a) Verwarm de oven voor op 375 ° F.
b) Meng in een middelgrote kom de geraspte kip, koriander, zure room, zout en peper.
c) Warm de tortilla's 30 seconden op in de magnetron.
d) Vul elke tortilla met een handvol kaas en een lepel kipmengsel. Rol het strak op en leg het met de naad naar beneden in een ingevette ovenschaal.
e) Giet groene enchiladasaus over de bovenkant van de enchiladas.
f) Bestrooi met de overgebleven kaas. Dek af met folie en bak gedurende 20 minuten.
g) Verwijder de folie en bak nog eens 10-15 minuten tot de kaas gesmolten en bubbelend is.

26. Vegetarische Enchiladas met Zwarte Bonen En Kaas

INGREDIËNTEN:
- 12 maistortilla's
- 2 kopjes geraspte Monterey Jack-kaas
- 1 blikje zwarte bonen (15 ounces), gespoeld en uitgelekt
- ½ kopje bevroren maïs, ontdooid
- ¼ kopje gehakte ui
- 1 blikje rode enchiladasaus (10 ons).
- Zout en peper naar smaak

INSTRUCTIES:
a) Verwarm de oven voor op 375 ° F.
b) Meng in een middelgrote kom zwarte bonen, maïs, ui, zout en peper.
c) Warm de tortilla's 30 seconden op in de magnetron. Vul elke tortilla met een handvol kaas en een lepel van het zwarte bonenmengsel.
d) Rol het strak op en leg het met de naad naar beneden in een ingevette ovenschaal.
e) Giet de rode enchiladasaus over de enchiladas.
f) Bestrooi met de overgebleven kaas. Dek af met folie en bak gedurende 20 minuten.
g) Verwijder de folie en bak nog eens 10-15 minuten tot de kaas gesmolten en bubbelend is.

27. Basis rundvlees-enchiladas

INGREDIËNTEN:
- 1 pond rundergehakt
- 12 maistortilla's
- 1 blikje enchiladasaus
- 1 in blokjes gesneden ui
- 2 teentjes knoflook
- 1 theelepel komijn
- Zout en peper naar smaak

INSTRUCTIES:
a) Verwarm de oven voor op 375 ° F. Kook het rundvlees in een koekenpan met ui, knoflook, komijn, zout en peper tot het bruin is.
b) Verwarm de enchiladasaus in een pan op middelhoog vuur.
c) Dompel de tortilla's in de saus en plaats ze in een ovenschaal van 9x13 inch.
d) Vul elke tortilla met het rundvleesmengsel en rol hem op.
e) Giet de resterende saus over de enchiladas en bak 25-30 minuten.

28.Enchiladas Met Rundvlees En Bonen

INGREDIËNTEN:
- 1 pond rundergehakt
- 1 blik zwarte bonen, uitgelekt en afgespoeld
- 1 in blokjes gesneden ui
- 2 teentjes knoflook
- 1 blikje rode enchiladasaus
- 12 maistortilla's
- Zout en peper naar smaak

INSTRUCTIES:
a) Verwarm de oven voor op 375 ° F.
b) Kook het rundvlees in een koekenpan met ui, knoflook, zout en peper tot het bruin is.
c) Voeg de zwarte bonen toe en meng goed. Verwarm de enchiladasaus in een pan op middelhoog vuur.
d) Dompel de tortilla's in de saus en plaats ze in een ovenschaal van 9x13 inch.
e) Vul elke tortilla met het rundvlees-bonenmengsel en rol hem op.
f) Giet de resterende saus over de enchiladas en bak 25-30 minuten.

29. Pittige rundvlees-enchiladas

INGREDIËNTEN:
- 12 bloemtortilla's
- 2 kopjes geraspte Pepper Jack-kaas
- 1 pond rundergehakt
- 1 blikje (10 ons) enchiladasaus
- 1 blik (4 ons) in blokjes gesneden groene pepers, uitgelekt
- 1 eetlepel chilipoeder
- ½ theelepel komijn
- Zout en peper naar smaak

INSTRUCTIES:
a) Verwarm de oven voor op 375 ° F.
b) Kook het gehakt in een grote koekenpan op middelhoog vuur tot het rundvlees bruin en gaar is . Giet eventueel overtollig vet af.
c) Voeg chilipoeder, komijn, zout en peper naar smaak toe. Roer de in blokjes gesneden groene pepers erdoor. Warm de tortilla's 30 seconden op in de magnetron.
d) Vul elke tortilla met een handvol kaas en een lepel rundvleesmengsel.
e) Rol het strak op en leg het met de naad naar beneden in een ingevette ovenschaal. Giet de enchiladasaus over de enchiladas.
f) Bestrooi met de overgebleven kaas. Dek af met folie en bak gedurende 20 minuten.
g) Verwijder de folie en bak nog eens 10-15 minuten tot de kaas gesmolten en bubbelend is.

30.Enchiladas met gemengde bonen

INGREDIËNTEN:
- 10 maïstortilla's
- 1 blikje zwarte bonen (15 ounces), uitgelekt en afgespoeld
- 1 blik bruine bonen (15 ounces), uitgelekt en afgespoeld
- 1 blik pintobonen (15 ounces), uitgelekt en gespoeld
- 1 blikje (4 ons) in blokjes gesneden groene pepers
- ½ kopje gehakte ui
- ½ kopje gehakte groene paprika
- 2 teentjes knoflook, fijngehakt
- 1 theelepel gemalen komijn
- 1 theelepel chilipoeder
- 2 kopjes enchiladasaus
- 1 kopje geraspte cheddarkaas
- ¼ kopje gehakte verse koriander

INSTRUCTIES:
a) Verwarm de oven voor op 375 ° F.
b) Meng in een grote kom de zwarte bonen, bruine bonen, pintobonen, groene pepers, ui, paprika, knoflook, komijn en chilipoeder.
c) Verwarm de tortilla's in de magnetron of op een bakplaat tot ze zacht en soepel zijn.
d) Schep op elke tortilla een deel van het bonenmengsel en rol het strak op.
e) Plaats de opgerolde tortilla's met de naad naar beneden in een ovenschaal van 9x13 inch.
f) Giet de enchiladasaus over de enchiladas.
g) Strooi de geraspte kaas over de bovenkant van de enchiladas.
h) Bak gedurende 20-25 minuten, of tot de enchiladas goudbruin zijn en de kaas gesmolten is.
i) Strooi voor het serveren de gehakte koriander over de enchiladas.

31. Enchilada Zwarte Bonen Lasagne

INGREDIËNTEN:
- 12 maistortilla's
- 2 kopjes enchiladasaus
- 1 kop gekookte zwarte bonen
- 1 kopje maïskorrels
- 1 kopje in blokjes gesneden paprika
- 1 kopje in blokjes gesneden uien
- 3 teentjes knoflook, fijngehakt
- 1 eetlepel olijfolie
- 1 theelepel gemalen komijn
- 1 theelepel chilipoeder
- Zout en peper naar smaak
- 1 kopje veganistische geraspte kaas (cheddar of Mexicaanse mix)
- Verse koriander, fijngehakt (voor garnering)

INSTRUCTIES:
a) Verwarm uw oven voor op 190°C.
b) Verhit de olijfolie in een grote koekenpan op middelhoog vuur. Voeg de uien en knoflook toe en bak tot ze zacht zijn.
c) Voeg de in blokjes gesneden paprika, maïskorrels, gekookte zwarte bonen, gemalen komijn, chilipoeder, zout en peper toe. Laat een paar minuten koken tot de groenten gaar zijn en goed bedekt zijn met de kruiden.
d) Verdeel een dunne laag enchiladasaus op de bodem van een ovenschaal.
e) Leg een laag maïstortilla's op de saus en bedek de hele bodem van de schaal.
f) Verdeel de helft van het groente-bonenmengsel over de tortilla's.
g) Druppel wat enchiladasaus over de groenten en bestrooi met vegan geraspte kaas.
h) Herhaal de lagen met nog een laag tortilla's, het resterende groente- en bonenmengsel, enchiladasaus en veganistische geraspte kaas.
i) Werk af met een laatste laag tortilla's, gegarneerd met enchiladasaus en veganistische geraspte kaas.
j) Bedek de ovenschaal met folie en bak gedurende 20 minuten.
k) Verwijder de folie en bak nog eens 10 minuten tot de kaas gesmolten en bubbelend is.
l) Garneer voor het serveren met verse koriander.

32.Kaasachtige kip-enchiladas

INGREDIËNTEN:
- 2 pond kippenborsten zonder botten, zonder vel
- 2 kopjes geraspte cheddarkaas
- 1 blik (4 ons) in blokjes gesneden groene chilipepers
- ½ kopje salsa
- 10-12 bloemtortilla's
- Zout en peper naar smaak

INSTRUCTIES:
a) Verwarm de oven voor op 375 ° F.
b) Breng de kip op smaak met zout en peper en bak hem in een grote koekenpan op middelhoog vuur tot hij bruin en gaar is.
c) Versnipper de kip en zet apart.
d) Meng in een grote kom de geraspte kaas, de in blokjes gesneden groene chilipepers en de salsa.
e) Meng de geraspte kip in een aparte kom.
f) Verwarm de tortilla's in de magnetron of op een bakplaat tot ze zacht en soepel zijn.
g) Schep op elke tortilla een royale lepel van het kipmengsel en rol hem strak op.
h) Plaats de opgerolde tortilla's met de naad naar beneden in een ovenschaal van 9x13 inch.
i) Giet het kaasmengsel over de enchiladas.
j) Bak in de voorverwarmde oven gedurende 20-25 minuten, of tot de kaas gesmolten en bubbelend is.

33. Romige Kip Enchiladas Met Poblano-saus

INGREDIËNTEN:
- 2 pond kippenborsten zonder botten, zonder vel
- ½ kopje zware room
- ¼ kopje zure room
- 1 blik (4 ons) in blokjes gesneden groene chilipepers
- 2 kopjes geraspte Monterey Jack-kaas
- 10-12 maïstortilla's
- Zout en peper naar smaak
- Poblano -saus:
- 2 grote poblano- paprika's
- ½ ui, gehakt
- 2 teentjes knoflook, fijngehakt
- ½ kopje kippenbouillon
- ½ kopje zware room
- Zout en peper naar smaak

INSTRUCTIES:
a) Verwarm de oven voor op 375 ° F.
b) Breng de kip op smaak met zout en peper en bak hem in een grote koekenpan op middelhoog vuur tot hij bruin en gaar is.
c) Versnipper de kip en zet apart.
d) Meng in een grote kom de slagroom, zure room, in blokjes gesneden groene chilipepers en 1 kopje geraspte Monterey Jack-kaas.
e) Meng de geraspte kip in een aparte kom.
f) Verwarm de tortilla's in de magnetron of op een bakplaat tot ze zacht en soepel zijn.
g) Schep op elke tortilla een royale lepel van het kipmengsel en rol hem strak op.
h) Plaats de opgerolde tortilla's met de naad naar beneden in een ovenschaal van 9x13 inch.
i) Giet het romige sausmengsel over de enchiladas en bestrooi met de resterende geraspte kaas.
j) Bak in de voorverwarmde oven gedurende 20-25 minuten, of tot de kaas gesmolten en bubbelend is.
k) Voor de Poblanosaus :

l) Rooster de poblano- paprika's boven een open vuur of onder de grill tot de schil verkoold en blaren bevat.
m) Haal van het vuur en plaats het in een plastic zak gedurende 10-15 minuten om te stomen.
n) Verwijder het vel, de steel en de zaden van de paprika's en hak het vruchtvlees fijn.
o) Fruit de ui en knoflook in een grote pan tot ze zacht zijn.
p) Voeg de gehakte poblanos , kippenbouillon en slagroom toe aan de pan en laat 10-15 minuten sudderen.
q) Breng op smaak met zout en peper.
r) Giet de saus voor het serveren over de enchiladas.

34.Kip Enchiladas Met Verde Saus

INGREDIËNTEN:
- 2 pond kippenborsten zonder botten, zonder vel
- 2 kopjes geraspte Monterey Jack-kaas
- 1 blik (4 ons) in blokjes gesneden groene chilipepers
- 1 pot (16 ons) salsa verde
- 10-12 maïstortilla's
- Zout en peper naar smaak

INSTRUCTIES:
a) Verwarm de oven voor op 375 ° F.
b) Breng de kip op smaak met zout en peper en bak hem in een grote koekenpan op middelhoog vuur tot hij bruin en gaar is.
c) Versnipper de kip en zet apart.
d) Meng in een grote kom de geraspte kaas, de in blokjes gesneden groene chilipepers en een half kopje salsa verde.
e) Meng de geraspte kip in een aparte kom.
f) Verwarm de tortilla's in de magnetron of op een bakplaat tot ze zacht en soepel zijn.
g) Schep op elke tortilla een royale lepel van het kipmengsel en rol hem strak op.
h) Plaats de opgerolde tortilla's met de naad naar beneden in een ovenschaal van 9x13 inch.
i) Giet de overgebleven salsa verde over de enchiladas.
j) Bak in de voorverwarmde oven gedurende 20-25 minuten, of tot de kaas gesmolten en bubbelend is.

35.Romige Kip Enchiladas Met Tomatillosaus

INGREDIËNTEN:
- 2 pond kippenborsten zonder botten, zonder vel
- ½ kopje zware room
- ¼ kopje zure room
- 1 blik (4 ons) in blokjes gesneden groene chilipepers
- 2 kopjes geraspte Monterey Jack-kaas
- 10-12 maïstortilla's
- Zout en peper naar smaak
- Tomatillosaus:
- 8 tomatillos, gepeld en gespoeld
- ½ ui, gehakt
- 2 teentjes knoflook, fijngehakt
- ½ kopje kippenbouillon
- ½ kopje zware room
- Zout en peper naar smaak

INSTRUCTIES:
a) Verwarm de oven voor op 375 ° F.
b) Breng de kip op smaak met zout en peper en bak hem in een grote koekenpan op middelhoog vuur tot hij bruin en gaar is.
c) Versnipper de kip en zet apart.
d) Meng in een grote kom de slagroom, zure room, in blokjes gesneden groene chilipepers en 1 kopje geraspte Monterey Jack-kaas.
e) Meng de geraspte kip in een aparte kom.
f) Verwarm de tortilla's in de magnetron of op een bakplaat tot ze zacht en soepel zijn.
g) Schep op elke tortilla een royale lepel van het kipmengsel en rol hem strak op.
h) Plaats de opgerolde tortilla's met de naad naar beneden in een ovenschaal van 9x13 inch.
i) Giet het romige sausmengsel over de enchiladas en bestrooi met de resterende geraspte kaas.
j) Bak in de voorverwarmde oven gedurende 20-25 minuten, of tot de kaas gesmolten en bubbelend is.
k) Voor de Tomatillosaus:

l) Verwarm de grill voor.
m) Leg de tomatillos op een bakplaat en rooster ze 5-7 minuten, of tot de schil verkoold en blaren bevat.
n) Haal van het vuur en laat afkoelen.
o) Pureer de tomatillos, ui, knoflook, kippenbouillon en slagroom in een blender of keukenmachine tot een gladde massa.
p) Breng op smaak met zout en peper.
q) Giet de saus voor het serveren over de enchiladas.

36.Kip Enchilada Nacho's

INGREDIËNTEN:
- 2 kopjes gekookte geraspte kip
- 1 blikje (10 ons) rode enchiladasaus
- 1 zak tortillachips
- 1 kopje geraspte cheddarkaas
- ¼ kopje in blokjes gesneden rode ui
- ¼ kopje gehakte verse koriander
- Zure room om te serveren

INSTRUCTIES:
a) Verwarm de oven voor op 375 ° F.
b) Meng de gekookte geraspte kip in een kom met de rode enchiladasaus.
c) Verdeel de tortillachips in een enkele laag op een bakplaat.
d) Strooi de geraspte cheddarkaas over de chips en bedek met het mengsel van kip en enchiladasaus.
e) Bak gedurende 10-15 minuten, of tot de kaas gesmolten en bubbelend is.
f) Garneer met de in blokjes gesneden rode ui en gehakte verse koriander. Serveer met zure room.

37.Enchiladas van zwarte bonen en maïs

INGREDIËNTEN:
- 1 ui, gehakt
- 2 teentjes knoflook, fijngehakt
- 1 blikje zwarte bonen (15 ounces), uitgelekt en afgespoeld
- 1 blik (15 ounces) maïs, uitgelekt
- 1 theelepel gemalen komijn
- Zout en peper naar smaak
- 8-10 maïstortilla's
- 1 ½ kopjes geraspte cheddarkaas
- 1 blikje (15 ons) enchiladasaus

INSTRUCTIES:
a) Verwarm de oven voor op 350 ° F.
b) Fruit in een grote koekenpan de gesnipperde ui en knoflook tot ze geurig zijn, ongeveer 2-3 minuten.
c) Voeg de zwarte bonen, maïs, komijn, zout en peper toe aan de koekenpan en roer tot alles goed gemengd is.
d) Verwarm de maïstortilla's in de magnetron of op een bakplaat tot ze zacht en soepel zijn.
e) Giet een kleine hoeveelheid enchiladasaus op de bodem van een ovenschaal van 9x13 inch.
f) Schep een royale lepel van het mengsel van zwarte bonen en maïs op elke tortilla en rol hem strak op.
g) Leg de opgerolde tortilla's met de naad naar beneden in de ovenschaal.
h) Giet de resterende enchiladasaus over de bovenkant van de enchiladas.
i) Strooi de geraspte cheddarkaas over de bovenkant van de enchiladas.
j) Bak in de voorverwarmde oven gedurende 20-25 minuten, of tot de kaas gesmolten en bubbelend is.
k) Garneer met verse koriander en serveer warm.

VIS EN ZEEVRUCHTEN

38.Garnalen Enchiladas

INGREDIËNTEN:
- 1 pond gekookte en gehakte garnalen
- 12 maistortilla's
- 1 blikje rode enchiladasaus
- 1 in blokjes gesneden ui
- 2 teentjes knoflook
- 1 theelepel komijn
- Zout en peper naar smaak

INSTRUCTIES:
a) Verwarm de oven voor op 375 ° F.
b) Verhit de enchiladasaus, ui, knoflook, komijn, zout en peper in een pan op middelhoog vuur.
c) Dompel de tortilla's in de saus en plaats ze in een ovenschaal van 9x13 inch.
d) Vul elke tortilla met de garnalen en rol deze op.
e) Giet de resterende saus over de enchiladas en bak 25-30 minuten.

39.Enchiladas van krab

INGREDIËNTEN:
- 1 pond krabvlees, geplukt voor de schelpen
- 2 kopjes geraspte Monterey Jack-kaas
- 1 blik (4 ons) in blokjes gesneden groene chilipepers
- 1 pot (16 ons) salsa
- 10-12 maïstortilla's
- Zout en peper naar smaak

INSTRUCTIES:
a) Verwarm de oven voor op 375 ° F.
b) Meng in een grote kom het krabvlees, de geraspte kaas, de in blokjes gesneden groene chilipepers en een half kopje salsa.
c) Verwarm de tortilla's in de magnetron of op een bakplaat tot ze zacht en soepel zijn.
d) Schep een royale lepel krabvleesmengsel op elke tortilla en rol hem strak op.
e) Plaats de opgerolde tortilla's met de naad naar beneden in een ovenschaal van 9x13 inch.
f) Giet de resterende salsa over de enchiladas.
g) Bak in de voorverwarmde oven gedurende 20-25 minuten, of tot de kaas gesmolten en bubbelend is.

40.Enchiladas met zeevruchten

INGREDIËNTEN:
- 1 pond gekookte garnalen, gepeld en ontdaan
- 1 pond gekookt krabvlees, versnipperd
- 1 blik (4 ons) in blokjes gesneden groene chilipepers
- ½ kopje gehakte ui
- 2 teentjes knoflook, fijngehakt
- 1 theelepel gemalen komijn
- 1 theelepel chilipoeder
- 1 theelepel gedroogde oregano
- 1 blikje (10 ons) enchiladasaus
- 10-12 maïstortilla's
- 1 kopje geraspte Monterey Jack-kaas
- ¼ kopje gehakte verse koriander
- Zout en peper naar smaak
- Optionele toppings: in blokjes gesneden avocado, gesneden jalapenos, zure room, partjes limoen

INSTRUCTIES:

a) Verwarm de oven voor op 375 ° F.
b) Meng in een grote kom de gekookte garnalen, gekookt krabvlees, in blokjes gesneden groene chilipepers, gehakte ui, gehakte knoflook, komijn, chilipoeder en oregano. Breng op smaak met zout en peper.
c) Verwarm de tortilla's in de magnetron of op een bakplaat tot ze zacht en soepel zijn.
d) Verdeel een kleine hoeveelheid enchiladasaus op de bodem van een ovenschaal van 9x13 inch.
e) Schep een royale lepel van het zeevruchtenmengsel op elke tortilla en rol hem strak op.
f) Leg de opgerolde tortilla's met de naad naar beneden in de ovenschaal.
g) Giet de resterende enchiladasaus over de bovenkant van de enchiladas.
h) Strooi de geraspte kaas over de bovenkant van de enchiladas.
i) Bak in de voorverwarmde oven gedurende 20-25 minuten, of tot de kaas gesmolten en bubbelend is.
j) Strooi de gehakte koriander over de bovenkant van de enchiladas.
k) Serveer warm met optionele toppings indien gewenst.

41. Enchiladas met zalm

INGREDIËNTEN:
- 1 pond gekookte zalm, in vlokken
- 1 blik (4 ons) in blokjes gesneden groene chilipepers
- ½ kopje gehakte rode ui
- 2 teentjes knoflook, fijngehakt
- 1 theelepel gemalen komijn
- 1 theelepel chilipoeder
- Zout en peper naar smaak
- 10-12 maïstortilla's
- 1 blikje (10 ons) enchiladasaus
- 1 kopje geraspte Monterey Jack-kaas
- Verse koriander, gehakt

INSTRUCTIES:
a) Verwarm de oven voor op 375 ° F.
b) Meng in een grote kom de zalmvlokken, de in blokjes gesneden groene chilipepers , de gehakte rode ui, de gehakte knoflook, de komijn, het chilipoeder en zout en peper naar smaak.
c) Verwarm de tortilla's in de magnetron of op een bakplaat tot ze zacht en soepel zijn.
d) Verdeel een kleine hoeveelheid enchiladasaus op de bodem van een ovenschaal van 9x13 inch.
e) Schep op elke tortilla een royale lepel zalmmengsel en rol hem strak op.
f) Leg de opgerolde tortilla's met de naad naar beneden in de ovenschaal.
g) Giet de resterende enchiladasaus over de bovenkant van de enchiladas.
h) Strooi de geraspte kaas over de bovenkant van de enchiladas.
i) Bak in de voorverwarmde oven gedurende 20-25 minuten, of tot de kaas gesmolten en bubbelend is.
j) Garneer met verse koriander en serveer warm.

42.Rundvlees Enchiladas Met Huisgemaakte Saus

INGREDIËNTEN:
- 12 maistortilla's
- 2 kopjes geraspte cheddarkaas
- 1 pond rundergehakt
- ½ kopje gehakte ui
- 2 teentjes knoflook, fijngehakt
- 1 blikje tomatenblokjes (14,5 ons).
- 1 eetlepel chilipoeder
- 1 theelepel komijn
- 1 theelepel paprikapoeder
- ½ theelepel oregano
- Zout en peper naar smaak

INSTRUCTIES:
a) Verwarm de oven voor op 375 ° F. In een grote koekenpan bak je het rundergehakt en de ui op middelhoog vuur tot het rundvlees bruin en gaar is . Giet eventueel overtollig vet af. Voeg knoflook toe en kook gedurende 1 minuut.
b) Voeg in blokjes gesneden tomaten, chilipoeder, komijn, paprika, oregano, zout en peper naar smaak toe.
c) Breng aan de kook en laat 10-15 minuten koken, af en toe roeren. Warm de tortilla's 30 seconden op in de magnetron.
d) Vul elke tortilla met een handvol kaas en een lepel rundvleesmengsel.
e) Rol het strak op en leg het met de naad naar beneden in een ingevette ovenschaal.
f) Giet zelfgemaakte enchiladasaus over de bovenkant van de enchiladas. Bestrooi met de overgebleven kaas.
g) Dek af met folie en bak gedurende 20 minuten. Verwijder de folie en bak nog eens 10-15 minuten tot de kaas gesmolten en bubbelend is.

43. Rundvlees Enchiladas Met Groene Saus

INGREDIËNTEN:
- 12 bloemtortilla's
- 2 kopjes geraspte Monterey Jack-kaas
- 1 pond rundergehakt
- 1 blik (10 ons) groene enchiladasaus
- 1 blik (4 ons) in blokjes gesneden groene pepers, uitgelekt
- ½ theelepel komijn
- Zout en peper naar smaak

INSTRUCTIES:
a) Verwarm de oven voor op 375 ° F.
b) Kook het gehakt in een grote koekenpan op middelhoog vuur tot het rundvlees bruin en gaar is . Giet eventueel overtollig vet af.
c) Voeg in blokjes gesneden groene pepers, komijn, zout en peper naar smaak toe. Warm de tortilla's 30 seconden op in de magnetron.
d) Vul elke tortilla met een handvol kaas en een lepel rundvleesmengsel.
e) Rol het strak op en leg het met de naad naar beneden in een ingevette ovenschaal.
f) Giet groene enchiladasaus over de bovenkant van de enchiladas. Bestrooi met de overgebleven kaas. Dek af met folie en bak gedurende 20 minuten.
g) Verwijder de folie en bak nog eens 10-15 minuten tot de kaas gesmolten en bubbelend is.

44. Enchiladas uit de slowcooker

INGREDIËNTEN:
- 12 bloemtortilla's
- 2 kopjes geraspte cheddarkaas
- 2 pond runderbraadstuk
- 1 blikje (10 ons) enchiladasaus
- 1 blik (4 ons) in blokjes gesneden groene pepers, uitgelekt
- 1 eetlepel chilipoeder
- ½ theelepel komijn
- Zout en peper naar smaak

INSTRUCTIES:
a) Plaats het gebraden rundvlees in een slowcooker.
b) Voeg enchiladasaus, in blokjes gesneden groene pepers, chilipoeder, komijn, zout en peper naar smaak toe.
c) Dek af en laat 8-10 uur op laag vuur koken, of tot het vlees zacht is en gemakkelijk uit elkaar valt. Haal het rundvlees uit elkaar met een vork.
d) Verwarm de oven voor op 375 ° F. Warm de tortilla's 30 seconden op in de magnetron.
e) Vul elke tortilla met een handvol kaas en een lepel geraspt rundvlees. Rol het strak op en leg het met de naad naar beneden in een ingevette ovenschaal.
f) Giet de resterende saus uit de slowcooker over de bovenkant van de enchiladas. Bestrooi met de overgebleven kaas. Dek af met folie en bak gedurende 20 minuten.
g) Verwijder de folie en bak nog eens 10-15 minuten tot de kaas gesmolten en bubbelend is.

GUACAMOL

45.Knoflook- guacamole

INGREDIËNTEN:
- 2 avocado's, ontpit
- 1 tomaat, zonder zaadjes en fijngehakt
- ½ eetlepel vers limoensap
- ½ kleine gele uien, fijngehakt
- 2 teentjes knoflook, geperst
- ¼ theelepel zeezout
- Een vleugje peper
- Gehakt vers korianderblad

INSTRUCTIES:
a) Pureer de avocado's met een aardappelstamper in een kleine kom.
b) Serveer onmiddellijk nadat je de extra ingrediënten door de gepureerde avocado's hebt gemengd.

46. Geitenkaas-guacamole

INGREDIËNTEN:
- 2 avocado's
- 3 ons van geit kaas
- animo van 2 limoenen
- citroen sap van 2 limoenen
- ¾ theelepel knoflook poeder
- ¾ theelepel ui poeder
- ½ theelepel zout
- ¼ theelepel rood peper vlokken (optioneel)
- ¼ theelepel peper

INSTRUCTIES:
a) Toevoegen avocado's naar A voedsel verwerker En mengen tot zacht.
b) Toevoegen de rest van de ingrediënten En mengen tot opgenomen.
c) Dienen met chips.

47. Hummus-guacamole

INGREDIËNTEN:
- 1 elk Rijp avocado, geschild
- 2 kopjes Hummus bi tahin
- 1 elk lente-ui, gehakt
- 1 klein Tomaat, gehakt
- 1 eetlepel Groente pepers, gehakt
- Olijf olie
- Koriander, gehakt
- Pita

INSTRUCTIES:
a) Lepel avocado naar binnen A medium schaal. Pureer & toevoegen humus, mengen diepgaand. Voorzichtig roeren in de lente-ui, tomaat & pepers.
b) Rekening kruiden. Omslag & koelen.
c) Voor portie, motregen met olijf olie & garnering met koriander.
d) Dienen met pita wiggen.

48.Kimchi-guacamole

INGREDIËNTEN:
- 3 rijpe avocado's, gepureerd
- 1 kop kimchi, gehakt
- ¼ kopje rode ui, fijngesneden
- 1 limoen, uitgeperst
- Zout en peper naar smaak
- Tortillachips om erbij te serveren

INSTRUCTIES:
a) Pureer de avocado's in een kom.
b) Voeg gehakte kimchi, rode ui, limoensap , zout en peper toe. Goed mengen.
c) Serveer de kimchi-guacamole met tortillachips.

49. Spirulina Guacamole-dip

INGREDIËNTEN:
- 2 avocado's, ontpit
- Sap van 1 citroen
- Sap van 1 limoen
- 1 teentje knoflook, grof gehakt
- 1 middelgrote gele ui, grof gehakt
- 1 jalapeno, in plakjes gesneden
- 1 kopje korianderblaadjes
- 3 eetlepels spirulina
- 1 gezaaide en gehakte tomaat of ½ kopje druiventomaten, gehalveerd
- Zout en peper naar smaak

INSTRUCTIES:
a) Doe alle ingrediënten, behalve de tomaten, in een blender en mix tot alles gemengd is.
b) Roer de tomaten erdoor en breng op smaak.

50.Kokos Limoen Guacamole

INGREDIËNTEN:
- 2 rijpe avocado's
- Sap van 1 limoen
- Schil van 1 limoen
- 2 eetlepels gehakte verse koriander
- 2 eetlepels in blokjes gesneden rode ui
- 2 eetlepels geraspte kokosnoot
- Zout en peper naar smaak

INSTRUCTIES:
a) Pureer de rijpe avocado's in een kom met een vork tot ze romig zijn.
b) Voeg het limoensap , de limoenschil, de gehakte koriander, de in blokjes gesneden rode ui, de geraspte kokosnoot, het zout en de peper toe.
c) Meng goed om alle ingrediënten te combineren.
d) Proef en pas de kruiden naar wens aan.
e) Serveer de kokos-limoen guacamole met tortillachips of gebruik hem als heerlijke topping voor taco's, sandwiches of salades.
f) Geniet van de romige en pittige smaken van deze tropische variant op guacamole!

51. Nori Guacamole

INGREDIËNTEN:
- 1 avocado, geschild, ontpit en gepureerd
- 1 lente-uitje, in dunne plakjes gesneden
- 1 eetlepel vers limoensap
- 1 eetlepel gehakte koriander
- Kosjer zout en versgemalen peper
- 2 eetlepels verkruimelde geroosterde zeewiersnacks
- Bruine rijstwafels of crackers, om te serveren

INSTRUCTIES:
a) Meng avocado, lente-ui, limoensap en koriander in een kom.
b) Breng op smaak met zout en peper. Bestrooi met geroosterd zeewier en serveer met rijstwafels.

52.Passievrucht-guacamole

INGREDIËNTEN:
- 2 rijpe avocado's, geschild en gepureerd
- ¼ kopje in blokjes gesneden rode ui
- ¼ kopje gehakte verse koriander
- 1 jalapeñopeper, zonder zaadjes en in blokjes gesneden
- 2 eetlepels limoensap
- ¼ kopje passievruchtpulp
- Zout en peper naar smaak

INSTRUCTIES:
a) Meng in een kom de gepureerde avocado, rode ui, koriander, jalapeñopeper, limoensap en passievruchtpulp.
b) Breng op smaak met zout en peper.
c) Zet het minimaal 30 minuten in de koelkast voordat u het serveert.
d) Serveer met tortillachips of als topping voor taco's.

53. Moringa-guacamole

INGREDIËNTEN:
- 2-4 theelepel Moringapoeder
- 3 Rijpe avocado's
- 1 Kleine rode ui, fijngehakt
- Een handvol kerstomaatjes, gewassen en fijngehakt
- 3 groene takken koriander, gewassen en fijngehakt
- Extra vergine olijfolie, om te besprenkelen
- Sap van 1 limoen
- Specerijen: zout, peper, gedroogde oregano, paprika en gemalen korianderzaad

INSTRUCTIES:
a) Halveer de avocado's, ontpit ze en hak ze grof. Laat een handvol grof gesneden avocado's opzij.
b) Giet de rest van de ingrediënten in een grote kom en gebruik een vork om de guacamole fijn te prakken en roer goed.
c) Voeg de rest van de avocado's toe en strooi er wat korianderblaadjes overheen.

54. Mojito-guacamole

INGREDIËNTEN:
- 3 rijpe avocado's, gepureerd
- ¼ kopje rode ui, fijngesneden
- ¼ kopje verse koriander, gehakt
- 1 jalapeño, zaadjes verwijderd en fijngehakt
- 2 eetlepels vers limoensap
- 1 theelepel suiker
- Zout en peper naar smaak
- Tortillachips om erbij te serveren

INSTRUCTIES:
a) Meng in een kom gepureerde avocado's, rode ui, koriander, jalapeño en limoensap.
b) Roer suiker, zout en peper naar smaak erdoor.
c) Serveer met tortillachips en geniet van je Mojito Guacamole!

55. Mimosa-guacamole

INGREDIËNTEN:
- 2 rijpe avocado's, gepureerd
- ¼ kopje in blokjes gesneden rode ui
- ¼ kopje in blokjes gesneden tomaten
- ¼ kopje gehakte koriander
- 1 jalapeno, zonder zaadjes en fijngehakt
- 2 eetlepels vers limoensap
- 2 eetlepels champagne
- Zout en peper naar smaak

INSTRUCTIES:
a) Meng in een middelgrote kom de gepureerde avocado's, rode ui, tomaten, koriander en jalapeno.
b) Roer het verse limoensap en de champagne erdoor.
c) Breng op smaak met zout en peper.
d) Serveer met tortillachips of groentesticks om te dppen.

56.Zonnebloem-guacamole

INGREDIËNTEN:
- 2 avocado's
- Sap van ½ limoen
- ¼ theelepel zout
- ⅔ kopje gehakte zonnebloemscheuten
- ¼ kopje fijngehakte rode ui
- ½ jalapeno, fijngehakt

INSTRUCTIES:
a) Doe alle ingrediënten in een kom en pureer tot een grof mengsel.

57.Guacamole van Drakenfruit

INGREDIËNTEN:
- 1 drakenfruit
- 2 rijpe avocado's
- ¼ kopje in blokjes gesneden rode ui
- ¼ kopje gehakte koriander
- 1 jalapenopeper, zonder zaadjes en fijngehakt
- 2 eetlepels limoensap
- Zout en peper naar smaak
- Tortillachips, om te serveren

INSTRUCTIES:
a) Snijd de drakenvrucht doormidden en schep het vruchtvlees eruit.
b) Pureer de avocado's in een middelgrote kom met een vork of aardappelstamper.
c) Vouw het drakenfruit, de rode ui, koriander, jalapenopeper, limoensap , zout en peper erdoor.
d) Meng goed en laat de guacamole minimaal 10 minuten staan, zodat de smaken zich kunnen vermengen.
e) Serveer gekoeld met tortillachips.

TAMALES

58. Cinco De Mayo Margarita Tamales

INGREDIËNTEN:
- 2 kopjes masa -harina
- 1 kopje margaritamix (niet-alcoholisch)
- 1/2 kopje suiker
- Schil en sap van 2 limoenen
- 1/4 kop gehakte verse munt
- Maïsschillen om in te pakken

INSTRUCTIES:
a) Meng masa harina met margaritamix en suiker tot een deeg.
b) Vouw de limoenschil, het limoensap en de gehakte munt erdoor.
c) Verdeel het mengsel over de maïsschillen en vouw tot tamales.
d) Stoom gedurende 1 uur.

59. Nieuwe Mexicaanse varkensvleestamales

INGREDIËNTEN:
VOOR DE VULLING:
- 1½ pond varkenslende of ander mals, mager gesneden, vet verwijderd
- 1 middelgrote witte ui, gehakt
- 2 kopjes water
- 2 eetlepels Canola-olie
- 2 teentjes knoflook, fijngehakt
- 1 eetlepel bloem
- ½ kopje gedroogde gemalen chili (Chimayo indien beschikbaar)
- ¾ theelepel zout
- ¼ theelepel komijn
- ⅛ theelepel oregano
- 16 oz. pakket. gedroogde maïskolven

VOOR DE MASA:
- 6 kopjes Masa Harina
- 2 kopjes olie
- 2 eetlepels Zout
- 4½ kopjes water, of meer indien nodig

INSTRUCTIES:
VOOR DE VULLING:
a) Verwarm de oven voor op 350 graden.
b) Leg het varkensvlees en de gehakte ui in een middelgrote ovenschaal en bedek met water.
c) Bak ongeveer 1-½ uur of totdat het vlees gemakkelijk uit elkaar valt.
d) Haal het varkensvlees uit de bouillon. Zet de bouillon in de koelkast.
e) Als het vlees is afgekoeld, versnippert u het met twee vorken of met het deegmes van een keukenmachine.
f) Zeef de bouillon nadat het vet aan de oppervlakte is gestold. Als de bouillon geen 2 kopjes meet, voeg dan water toe om 2 kopjes vloeistof te maken.
g) Verhit de olie in een grote koekenpan, voeg gehakte knoflook en varkensvlees toe.
h) Strooi bloem over het mengsel en roer voortdurend gedurende ongeveer een minuut terwijl de bloem bruin begint te worden.

i) Voeg gemalen chili , bouillon en kruiden toe. Kook op middelhoog vuur tot het ingedikt en bijna droog is, onder regelmatig roeren, ongeveer 30 minuten.
j) Haal van het vuur.

VOOR DE MASA:
k) Meet Masa Harina af in een grote kom.
l) Voeg al roerend water toe.
m) Voeg olie en zout toe en roer goed. Gebruik een lepel, een krachtige mixer of je handen.
n) Als het goed gemengd is, moet het de consistentie hebben van vochtig koekjesdeeg. Als het begint uit te drogen, voeg dan meer water toe. Eventueel afdekken met een vochtige doek.

MONTAGE:
o) Bereid de maïsschillen door ze gedurende 30 minuten in een kom of bakpan met heet water onder te dompelen.
p) Scheid de kafjes en spoel ze af onder warm stromend water om eventueel gruis of bruine zijde weg te spoelen. Week ze in warm water tot ze klaar zijn voor gebruik.
q) Verdeel masa op de gladde kant van de schil met de achterkant van een lepel tot ongeveer ½ "vanaf de zijkanten, 1" vanaf de bovenrand en 2 "vanaf de onderkant.
r) Schep ongeveer 2 eetlepels vulling in het midden.
s) Rol de schil om zodat masa de vulling bedekt en los moet komen van de schil. Rol vervolgens de schil op en vouw het onderste uiteinde eronder.
t) Herhaal dit totdat alle masa en vulling op zijn.
u) Zet tamales losjes verpakt in een stomer/blancheer/spaghettikoker, of leg ze plat n een kriskras patroon zodat de stoom effectief kan doordringen.
v) Dek de pan af en stoom ongeveer 1 uur tot 1 ¼ uur, of totdat de masa stevig is en gemakkelijk van de schil loslaat.
w) Serveer tamales warm. Laat iedereen zijn eigen kafjes verwijderen. Ze kunnen indien gewenst worden overgoten met groene chilisaus , chili con carne of kaas en uien. Geniet van je nieuwe Mexicaanse varkensvleestamales!

60.Varkensvleestamales uit Chili

INGREDIËNTEN:
BESLAG:
- 2/3 kop vers varkensreuzel, gekoeld
- 1 theelepel bakpoeder
- 1 theelepel zout
- 2 kopjes grof gemalen verse masa of 1 3/4 kopjes masa harina gemengd met 1 kopje plus 2 eetlepels heet water (afgekoeld tot kamertemperatuur)
- 2/3 kop kip-, rundvlees- of groentebouillon
- Wikkel:
- 4 ons gedroogde maïsschillen

VULLING:
- 6 grote gedroogde New Mexico chilipepers
- 2 teentjes knoflook, fijngehakt
- 1/4 theelepel versgemalen zwarte peper
- 1/8 theelepel gemalen komijn
- 300 gram magere varkensschouder zonder been, in blokjes van 1/2 inch gesneden
- 1 theelepel zout

INSTRUCTIES:
MAAK HET BESLAG:
a) Meng het reuzel, het bakpoeder en het zout in de kom van een elektrische mixer met een peddelbevestiging. Klop tot het licht en luchtig is.
b) Voeg 1 kopje masa en 1/3 kopje bouillon toe; klop tot alles goed gemengd is.
c) Voeg de resterende masa en 1/3 kopje bouillon toe; klop tot het licht en luchtig is, ongeveer 2 minuten.
d) Zet het beslag minimaal 1 uur in de koelkast.

MAAK DE WRAPPERS:
e) Reconstitueer de maïsschillen door ze in een diepe pan te plaatsen en ze met water te bedekken.
f) Zet de pan op hoog vuur en breng aan de kook. Doe de schillen en het water in een hittebestendige kom. Plaats een klein bord op de kafjes en houd ze onder water. Geniet gedurende 1 uur. Haal uit het water.

MAAK DE VULLING:
g) Verwijder de stengels van de pepers, zaad en scheur ze in 4 stukken.
h) chilipepers , knoflook, peper en komijn in een blender . Voeg 1 1/2 kopjes water toe en mix tot er een gladde puree ontstaat. Zeef het mengsel in een middelgrote pan.
i) Voeg het varkensvlees, 1 3/4 kopjes water en zout toe. Kook op middelhoog vuur tot de vloeistof is gereduceerd tot de consistentie van een dikke saus en het vlees zeer mals is (50 tot 60 minuten). Maak het vlees los met een vork.

STEL DE TAMALES SAMEN:
j) Doe het tamalebeslag terug in de mixer. Meng een paar seconden om het deeg lichter te maken.
k) Voeg 3 eetlepels saus toe en meng om te combineren. Pas de consistentie aan met een paar eetlepels kippenbouillon.

BEREIDING VAN DE MAÏSBALEN:
l) Rol een grote gereconstitueerde maïsschil uit en scheur in de lengte langs de korrel om 1/4 inch brede stroken te maken (twee per tamale).
m) Plaats nog een lang stuk op het werkoppervlak, met het puntige uiteinde van u af.
n) Schep 1/4 kopje beslag op het midden van het ene uiteinde van de schil. Verspreid in een vierkant van 10 cm en laat randen aan de zijkanten achter.
o) Schep 2 eetlepels vulling in het midden.
p) Breng de lange zijden naar elkaar toe tot een cilinder en zorg ervoor dat het beslag de vulling omhult.
q) Vouw het puntige uiteinde naar onderen en bind het losjes vast met een schilstrook. Vouw het platte uiteinde naar beneden en knoop vast.

Stoom de Tamales:
r) Zet een stoomboot op hoog vuur. Wanneer er stoom uitblaast, zet u het vuur middelmatig.
s) Stoom gedurende 1 uur en 15 minuten en voeg indien nodig meer water toe.

t) Pak een tamale uit. Als het deeg loskomt van de verpakking en zacht aanvoelt, is het klaar. Als het blijft plakken, verpak het dan opnieuw en stoom het nog eens 15 tot 20 minuten.
u) Haal van het vuur en laat 15 minuten staan, zodat het beslag stevig wordt.
v) Serveer met geroosterde Tomatillo-Chipotle Salsa.
w) Geniet van je Red-Chili Varkenstamales!

61. Geraspte vleestamales

INGREDIËNTEN:
- 32 Maïsschillen

MASA:
- 1 kopje reuzel
- 1 theelepel chilipoeder

VULLING:
- 1 middelgrote ui, gehakt
- 1 teentje knoflook, geplet
- 1/2 theelepel komijn, gemalen
- 1/2 theelepel chilipoeder
- 1/2 eetlepel zout
- 1/2 eetlepel reuzel
- 1 theelepel chilipoeder
- 1 theelepel zout
- 8 kopjes Masa
- 3 kopjes warm water
- 1/4 theelepel zwarte peper
- 3 eetlepels rozijnen, fijngehakt
- 2 eetlepels olie
- 1 pond vlees, versnipperd
- 1/4 kopje water

KOOKWATER:
- 1 pint water

INSTRUCTIES:

DWEEKSCHUIVEN:

a) Week de maïsschillen gedurende 2 uur of een nacht in warm water voordat u ze gebruikt.

VULLING:

b) Fruit de ui, knoflook, komijn, chilipoeder, zout, peper en rozijnen (indien gewenst) in hete olie.

c) Voeg versnipperd vlees en water toe; laat sudderen tot de vloeistof is opgenomen.

MASA:
d) Verwerk reuzel, chilipoeder en zout tot masa; kneed met de handen tot een gladde massa. (U kunt ook een broodbakmachine gebruiken die op "handmatig" staat.)
e) Tamales samenstellen:
f) Smeer met de achterkant van een lepel een dunne en gelijkmatige laag masa op de binnenkant van de maïskaf, die de helft van de lengte van de kaf bedekt.
g) Verdeel 1 eetlepel van het vulmengsel dun over het met masa bedekte deel van het kaf.
h) Leg de ene kant van het kaf over de andere en vouw onder het gedeelte van het kaf dat geen masa bevat.
i) Stapelen en stomen:
j) Stapel tamales in piramidevorm op een ondiep stoomrek op de bodem van een groot fornuis.
k) Voeg reuzel en chilipoeder toe aan het water en giet het over de tamales.
l) Bedek met extra kafjes en stoom gedurende 4-5 uur.
m) Tip: als de masa klaar is , trekt hij zich los van de kafjes wanneer hij wordt uitgevouwen.

62. Geraspte Varkensvlees Tamales

INGREDIËNTEN:
- 18 gedroogde maïsschillen
- 1 kleine ui, gehakt (1/4 kop)
- 2 eetlepels plantaardige olie
- 1/4 kopje basis rode saus
- Geraspte Varkensvlees
- 2 eetlepels Rozijnen
- 2 eetlepels kappertjes
- 2 eetlepels Gesnipperde Verse Koriander
- 18 ontpitte olijven

GESNEDEN VARKENSVLEES:
- 1 pond varkensschouder zonder been
- 1 Tomaat, gehakt
- 1 kleine ui, in 1/4 gesneden
- 1 Wortel, in stukken van 1 inch gesneden
- 1 stengel bleekselderij, in stukjes van 1 inch gesneden
- 1 eetlepel Chilipoeder
- 1 theelepel zout
- 1/4 theelepel komijnzaad
- 1/4 theelepel gedroogde oregano
- 1/4 theelepel peper
- 1 teentje knoflook
- 1 Laurierblad
- 1 kopje bakvet of reuzel
- 2 kopjes Masa Harina
- 3 theelepels bakpoeder
- 2 kopjes varkensbouillon (gereserveerd van het koken van varkensvlees)

INSTRUCTIES:
GESNEDEN VARKENSVLEES:
a) Doe alle ingrediënten voor varkensvlees in een pan van 3 liter.
b) Voeg voldoende water toe om te bedekken.
c) Verhit tot het kookt; verminder hitte.
d) Dek af en laat sudderen tot het varkensvlees gaar is, ongeveer 1 1/2 uur.

e) Giet af en bewaar de bouillon voor tamaledeeg.

TAMALE DEEG:

f) Klop alle deegingrediënten in een grote mengkom op lage snelheid en schraap de kom voortdurend totdat het mengsel een gladde pasta vormt.

g) Klop op gemiddelde snelheid tot het licht en luchtig is, ongeveer 10 minuten.

BEREIDING VAN DE TAMALES:

h) Bedek de maïskolven met warm water en laat ze minimaal 2 uur staan tot ze soepel zijn.

i) Kook en roer de ui in olie in een pan van 3 liter tot ze gaar is.

j) Roer de rode saus, het geraspte varkensvlees en de overige ingrediënten erdoor, behalve het deeg en de olijven.

k) Verwarm tot het kookt; verminder hitte.

l) Dek af en laat 15 minuten afkoelen.

m) Giet de maïsschillen af ; dep droog met keukenpapier.

n) Verdeel 1/4 kopje deeg over het midden van elke schil, vanaf de ene rand tot op 1/2 inch van de andere rand.

o) Schep 2 eetlepels varkensvleesmengsel in het midden van het deeg en bedek met een olijf.

p) Rol de schillen over de vulling, te beginnen bij de deegrand.

q) Vouw beide uiteinden omhoog naar het midden en zet ze indien nodig vast met een touwtje.

r) Plaats tamales op een rek in een Nederlandse oven of stoomboot.

s) Giet kokend water in de braadpan tot net op rekniveau.

t) Bedek de Nederlandse oven en laat het water 1 uur op laag vuur sudderen.

63.Tijdwarp Tamales

INGREDIËNTEN:
- Eén zak maisdoppen van 6 ounce

MAIZE DEEG
- 2 kopjes maïsdeeg
- 1 theelepel zeezout
- ½ kopje boter gesmolten

VULLING
- 6 hele groene chilipepers
- 1 pond kipfilet zonder bot, zonder vel of 1 pond in blokjes gesneden pompoen
- 1 theelepel komijn
- 1 theelepel paprikapoeder
- Zout
- Peper
- 1 eetlepel plantaardige olie
- ¼ kopje fijngehakte gele ui
- 1 theelepel boter
- 1 eetlepel kippenbouillon of
- ½ kopje geraspte Cheddar-kaas
- 1 eetlepel gehakte koriander
- 1 eetlepel gehakte groene uien
- Salsa en zure room, voor erbij

INSTRUCTIES:
a) Rehydrateer uw maïskafjes door ze een nacht in water te laten weken. Spoel de kafjes af voordat u ze gebruikt.
b) Om het deeg te maken , meng je het maïsdeeg met het zout in een grote mengkom.
c) Voeg langzaam de gesmolten boter toe en meng deze gaandeweg door het deeg .
d) Rooster vervolgens de paprika's op een grill of rooster in de oven tot de schil verkoold is. Laat afkoelen en verwijder de verkoolde schil en alle zaden voordat u de paprika's in blokjes snijdt.
e) Breng de kipfilet op smaak met komijn, paprikapoeder en zout en peper. Verhit de olie in een koekenpan op hoog vuur en bak de kip gedurende 3½ minuut aan elke kant, tot ze goudbruin zijn.

f) Voeg de gele ui en boter toe en kook 1 minuut, voeg dan de kippenbouillon toe en haal van het vuur.
g) Als de kip is afgekoeld, snijd je hem in kleine stukjes.
h) Meng de gesneden kip met de paprika en kaas. Breng desgewenst op smaak met meer zout en peper, voeg dan de koriander en groene uien toe en meng om te combineren. Je vulling is klaar!
i) deeg ter grootte van een pruim in het midden van je handpalm.
j) Plaats het in het midden van een maïskolf en gebruik de achterkant van een lepel om het gelijkmatig in een dunne laag te verdelen. Plaats een flinke eetlepel vulling op het deeg en bereid je voor om er één op te draaien!
k) Neem nog een maïsschil en scheur deze in reepjes. Je gebruikt deze stukken om de uiteinden van de tamale vast te binden.
l) Rol de maisschil met vulling op en knijp de uiteinden samen, waardoor de vulling naar het midden van de tamale wordt gedrukt. Vouw vervolgens de overtollige schil erin en zet hem vast met de reepjes schil of een eenvoudig touwtje, zodat de schil opgevouwen blijft tijdens het stomen.
m) Je kunt nu een aantal tamales invriezen en voor een volgende dag bewaren, of je kunt ze nu allemaal stomen.
n) Tamales worden traditioneel gestoomd in een speciaal mandje, maar je kunt ook een groentestomer gebruiken. Verpak je tamales in de stoomboot en plaats de stoomboot boven kokend water in een grote pan.
o) Zet het zachter en dek de pan af.
p) Kook gedurende 1 tot 1½ uur, controleer af en toe het waterniveau en voeg indien nodig meer water toe.
q) Haal er één tamale uit en controleer de stevigheid van het deeg . Het moet sponsachtig en een beetje vettig maar stevig zijn.
r) Serveer je tamales warm, eventueel met salsa en zure room ernaast.

64. Tamales Met Kip En Salsa Verde

INGREDIËNTEN:
VOOR DE TAMALES:
- ½ (8-ounce) pakket gedroogde maïsschillen
- 4 ons (1/2 kop) reuzel
- 1 pond (2 kopjes) verse masa
- ⅔ kopje gevogeltebouillon
- 1 theelepel bakpoeder
- ½ theelepel zout

VOOR DE SALSA VERDE:
- 1 pond tomatillos
- 3 serrano chilipepers
- Zout
- 1 eetlepel reuzel
- 6 takjes verse koriander, grof gehakt
- 1 kleine ui, gehakt
- 1 groot teentje knoflook, gehakt
- 3 tomatillo's, gehakt
- ¼ kopje koriander, gehakt
- 1⅓ kopjes geraspte kip

INSTRUCTIES:
MAÏSSCHILLEN BEREIDEN:
a) Laat de kafjes 10 minuten in water sudderen en verzwaar ze met een bord om ze onder water te houden. Laat ze staan totdat de schillen buigzaam zijn.

MAAK HET DEEG:
b) Klop het reuzel in een mixer tot het heel licht is, ongeveer een minuut.
c) Voeg ½ pond (1 kopje) verse masa toe aan reuzel. Klop tot het goed gemengd is.
d) Ga door met kloppen en voeg afwisselend de resterende ½ pond masa en de gevogeltebouillon toe, en voeg slechts voldoende bouillon toe om de consistentie van middeldik cakebeslag te verkrijgen.
e) Strooi het bakpoeder en zout erdoor. Klop nog 1 minuut.

MAAK DE SALSA VERDE:
f) Schil en was de tomatillos. Kook de tomatillos en 3 serrano chilipepers met wat zout in een pan met water tot ze gaar zijn, ongeveer 10 tot 15 minuten.
g) Giet ze af en doe ze in de kom van een keukenmachine. Voeg de koriander, ui en knoflook toe. Verwerk tot een gladde massa.
h) Verhit 1 eetlepel reuzel in een middelgrote koekenpan op middelhoog vuur. Als het reuzel heet genoeg is om een druppel van de tomatillopuree te laten sissen, giet je alles er in één keer in.
i) Roer de saus gedurende 45 minuten voortdurend totdat deze donkerder en dikker wordt, dik genoeg om een lepel te bedekken. Voeg de gehakte tomatillos en koriander toe. Breng op smaak met zout.

MENG EN VORM DE TAMALES:
j) Meng de geraspte kip met ½ kopje gekookte tomatillosaus.
k) Haal de kafjes uit het water als ze zacht zijn geworden. Dep de schillen droog. Scheur extra kafjes in ¼ inch brede, 7-inch lange reepjes, één voor elke tamale.
l) Neem er een die minstens 15 cm breed is aan het bredere uiteinde en 6-7 cm lang. Leg deze maïskolf neer met het taps toelopende uiteinde naar je toe.
m) Verdeel een paar eetlepels van het deegmengsel in een vierkant, laat minimaal een rand van 1 1/2 inch aan de zijkant naar je toe en een rand van ¾ inch langs de andere kanten.
n) Pak twee lange zijden van de maïsschil op en breng ze samen, overlappend over elkaar. Vouw het onderste gedeelte van de schil strak op tot aan de vullijn. Laat de bovenkant open. Zet hem op zijn plaats vast door een strook schil losjes om de tamale te binden. Herhaal met de resterende schillen en het deegmengsel.
o) Zet tamales op de gevouwen bodem in een voorbereide stomer en zorg ervoor dat ze niet te dicht op elkaar zijn gepakt , omdat ze moeten uitzetten. Bedek met een laag overgebleven schillen. Dek af met het deksel en stoom gedurende 1 uur.
p) Controleer goed of al het water niet wegkookt en voeg indien nodig kokend water toe.
q) Serveer met extra salsa ernaast.

65. Kiptamales Met Paprika- En Basilicumsaus

INGREDIËNTEN:
GEROOSTERDE RODE PAPER & BASILICUMSAUS:
- 4 Rode paprika's, geroosterd, geschild, zonder zaadjes en in blokjes gesneden
- 2 teentjes knoflook, gehakt
- 1 eetlepel Gehakte verse basilicum
- 1 Chipotle chili, zonder steel
- 2 eetlepels Durkee's cayennesaus
- 1/2 theelepel Gemalen komijn
- Zout naar smaak

TAMALE DEEG:
- 1 1/2 kopjes Masa -harina
- 1/2 theelepel suiker
- 1/2 theelepel zout
- 1 theelepel gesmolten boter
- 1 teentje knoflook, gehakt
- 3/4 kopje water
- 1 theelepel plantaardige olie

VULLING:
- 1/2 pond gerookte kip zonder been, in blokjes gesneden
- 2 teentjes knoflook, gehakt
- 4 nieuwe Mexicaanse chilipepers, geroosterd, geschild, gesteeld, zonder zaadjes en grof gehakt
- 1/4 kopje geraspte Monterey Jack-kaas
- 1/4 kopje geraspte Cheddar-kaas
- 1 theelepel Gemalen komijn
- 1/2 theelepel Gemalen koriander
- 1/2 theelepel Chilipoeder
- Zout en peper naar smaak
- 8 Grote maïskolven

INSTRUCTIES:
GEROOSTERDE RODE PAPER & BASILICUMSAUS:
a) Meng in een blender of keukenmachine geroosterde rode paprika, knoflook, basilicum, chipotle chili, cayennesaus, gemalen komijn en zout.

b) Mixen tot een gladde substantie. Zet opzij of zet in de koelkast tot het klaar is om te serveren.

TAMALE DEEG:
c) Meng masa harina , suiker, zout, gesmolten boter, gehakte knoflook en water in een mengkom.
d) Roer tot er een zacht deeg ontstaat. Dek af met plasticfolie en zet opzij.

VULLING:
e) Verhit plantaardige olie in een grote koekenpan op hoog vuur.
f) Voeg de in blokjes gesneden gerookte kip toe en kook tot deze bijna gaar is (ongeveer 4 minuten).
g) Voeg gehakte knoflook en geroosterde nieuwe Mexicaanse chilipepers toe . Gooi om te combineren.
h) Haal van het vuur en laat afkoelen. Voeg geraspte Monterey Jack- en Cheddar-kazen, gemalen komijn, gemalen koriander, chilipoeder , zout en peper toe. Goed mengen.

MONTAGE:
i) Week de maïskolven gedurende 10 minuten in warm water tot ze soepel zijn.
j) Scheur 2 schillen in 12 reepjes en zet opzij.
k) Leg 6 kafjes op een werkblad en verdeel het tamaledeeg er gelijkmatig over.
l) Vorm het deeg tot een rechthoek en laat langs de zijkanten een rand van 1/2 inch vrij.
m) Schep de kipvulling in het midden van het deeg.
n) Rol de schil in de lengte over de vulling, zodat er een buisvorm ontstaat, zodat de vulling in het deeg zit.
o) Wikkel het deeg volledig in de schil en bind beide uiteinden vast met de gescheurde reepjes.
p) Plaats de tamales in een stomer, dek het goed af en stoom gedurende 15 tot 20 minuten.
q) Serveer onmiddellijk met de geroosterde rode paprika- en basilicumsaus ernaast.

66.Chileense gekruide gepureerde maïstamales

INGREDIËNTEN:
- 3½ kopjes maïskorrels (vers of ingeblikt)
- ½ kopje melk
- 1 theelepel zout
- Vers gemalen zwarte peper
- 1 theelepel Aji chilipoeder , of vervangend New Mexican
- 2 eetlepels margarine
- 1 ui, gehakt
- ½ kopje zomerpompoen, fijngehakt
- 1 eetlepel rode paprika, gehakt
- 1 eetlepel verse koriander, gehakt
- ¼ kopje Parmezaanse kaas, geraspt
- Bananenbladeren (15 bij 15 centimeter) of maïsschillen

INSTRUCTIES:
a) Pureer de maïskorrels met de melk in een keukenmachine. Voeg het zout, de peper en het chilipoeder toe en meng goed.
b) Verhit de margarine in een grote koekenpan en fruit de ui, pompoen, rode paprika en koriander gedurende 10 minuten.
c) Voeg de gepureerde maïs toe en kook, onder voortdurend roeren, tot het dikker wordt, ongeveer 5 minuten.
d) Voeg de geraspte kaas toe, meng goed en haal van het vuur.
e) Blancheer de bananenbladeren of maïsschillen in kokend water en laat ze uitlekken.
f) Verwijder één voor één elke schil en verdeel ongeveer 4 eetlepels maïsmengsel in het midden van elke schil.
g) Vouw de schil rond het maïsmengsel tot een vierkant pakketje en bind het stevig vast met keukentouw. Zorg ervoor dat alle randen zijn afgedicht, zodat er geen beslag uit de schil kan ontsnappen.
h) Wanneer alle kafjes gevuld zijn , plaats je ze in een grote pan met gezouten water en laat je ze op laag vuur, afgedekt, ongeveer 1 uur sudderen.
i) Serveer de tamales in hun schil terwijl ze warm zijn. Ze kunnen ook gestoomd worden .

67. Succotash Tamales

INGREDIËNTEN:
- 200 gram Instantcouscous, uitgelekt en voorgekookt
- 100 gram Boterbonen uit blik, uitgelekt
- 100 gram ingeblikte suikermaïskorrels
- 100 gram Verse gepelde erwten
- 1 kleine zoete rode paprika
- 4 Lente-uitjes
- 1 grote klont boter
- 4 Tamales (gedroogde maïsschillen)
- Handvol korianderblaadjes
- Zout en peper naar smaak

INSTRUCTIES:
a) Snijd de lente-uitjes en rode paprika fijn.
b) Fruit de gehakte lente-uitjes en rode paprika zachtjes in een beetje boter. Breng op smaak met zout en peper.
c) Voeg boterbonen, maïskorrels en erwten toe. 2 minuten zachtjes bakken.
d) Voeg de gekookte couscous toe en laat zachtjes doorwarmen.
e) Roer er ten slotte de korianderblaadjes door.
f) Vul elke gebonden tamale gelijkmatig met het succotash-mengsel.
g) Serveer met pittige kip, steaks of Cajun-gebakken eieren.
h) Geniet van je Succotash Tamales!

68.Zoete bonentamales

INGREDIËNTEN:
MASA-DEEG:
- 2/3 kopje reuzel
- 2 eetlepels suiker
- 1½ theelepel zout
- 1½ pond Verse masa voor tamales
- 1 kopje water

ZOETE BONENVULLING:
- 1 liter pintobonen, gekookt en uitgelekt
- 1/4 kop reuzel
- 1 kopje gemalen panocha (Mexicaanse bruine suiker) of donkere suiker
- 1 theelepel Gemalen kaneel
- 1 theelepel gemalen kruidnagel
- 2 kopjes rozijnen, 1/2 uur in heet water geweekt

MAÏSSCHIL:
- Maïsschillen, 10 minuten in heet water geweekt tot ze flexibel zijn, daarna gespoeld en uitgelekt

INSTRUCTIES:
MASA-DEEG:
a) Klop reuzel, suiker en zout in een elektrische mixer tot het luchtig is.
b) Voeg geleidelijk masa toe, afgewisseld met water.
c) Klop tot luchtig. Test door een klein monster van het mengsel in een glas water te plaatsen. Als het monster blijft drijven, is de masa klaar.

ZOETE BONENVULLING:
d) Pureer de uitgelekte bonen.
e) Verhit reuzel in een koekenpan.
f) Voeg bonen, panocha, kaneel, kruidnagel en uitgelekte rozijnen toe.
g) Laat 15 minuten sudderen en roer regelmatig om te voorkomen dat de bonen verbranden.
h) Koel voor gebruik.

TAMALES MONTEREN:

i) Voor kleine tamales: plaats 1 eetlepel masa op het brede uiteinde van een schil en spreid deze naar elke kant uit.
j) Schep 1 flinke eetlepel van het bonenmengsel in het midden.
k) Vouw de zijkanten van de kafjes zodat ze de vulling bedekken, waarbij de randen elkaar overlappen.
l) Vouw het puntige uiteinde naar de tamale en knijp de open uiteinden samen.

TAMALES STOOMEN:
m) Plaats een prop folie ter grootte van een kopje in een grote ketel en voeg 2 kopjes water toe.
n) Schik de tamales in een piramide, met het open uiteinde naar boven, met het gevouwen uiteinde tegen de folie om deze gesloten te houden.
o) Stoom, afgedekt, gedurende 40 minuten.

69.Zoete Zwarte Rijst Tamales Met Ha Gow

INGREDIËNTEN:
VOOR DE RIJST MASA:
- 3 kopjes Thaise zoete zwarte rijst
- 2 theelepels bakpoeder
- 8 ons ongezouten boter

VOOR DE HA GOW-VULLING:
- 27 ons Ha gow -vulling

VOOR MONTAGE:
- 18 Maïsschillen, bevochtigd
- Gedroogde Chinese zwarte champignons, geweekt en fijngehakt
- ½ pond fijngesneden garnalen
- ½ theelepel zout
- 1½ theelepel suiker
- 1 Eiwit, geslagen
- 1½ theelepel Vers geraspte gember
- 1 eetlepel Droge witte wijn
- 2 eetlepels maizena
- 2 theelepels Oestersaus
- 1 theelepel sojasaus
- 1½ theelepel sesamolie
- 1½ theelepel arachideolie
- ¼ kopje Fijngehakte jicama
- ¼ kopje Fijn gesneden wortelen
- 1 grote bos gehakte lente-uitjes
- 1 snufje Witte peper
- ¾ kopje gefermenteerde zwarte bonen
- ¼ kopje Gehakte knoflook

VOOR DE SZECHUAN ZWARTE BONENSAUS:
- 6 Zwarte mosselen, in hun schelpen
- 2 eetlepels Pinda-olie
- 2 eetlepels ongezouten boter, plus 2 ons om het gerecht af te maken
- 1 kopje pruimenwijn
- 1 kopje Mirin
- 3 kopjes kippenbouillon
- 2 eetlepels Rode miso

- 1 eetlepel Hoisinsaus
- 2 eetlepels knoflook
- 2 eetlepels Gember
- 1 eetlepel lente-uitjes
- ½ theelepel gemalen rode chilipeper

VOOR DE CHINOIS-MIX:
- 1 kopje zwarte bonen
- ¼ kopje knoflook
- ¼ kopje gehakte chinois

INSTRUCTIES:
VOOR DE RIJST MASA:
a) Maal de rijst in een koffiemolen zo fijn mogelijk.
b) Week 1 uur in warm water. Giet af door kaasdoek en breng over naar een keukenmachine met een paddle-opzetstuk.
c) Voeg bakpoeder en boter toe en meng tot de ingrediënten zijn opgenomen en de textuur op masa lijkt.

VOOR DE HA GOW-VULLING:
d) Week de champignons 30 minuten in heet water. Verwijder de stengels en snij de hoedjes eraf.
e) Doe de garnalen in een keukenmachine met zout, suiker, eiwit, gember, wijn, maizena, oestersaus, sojasaus, sesamolie en arachideolie. Na elke toevoeging grondig mengen.
f) Voeg champignons, jicama, wortel, gehakte lente-ui en witte peper toe. Goed mengen.

VOOR MONTAGE:
g) Leg voor elke tamale twee bevochtigde maïskolven op een werkoppervlak, zodat een rechthoek ontstaat.
h) Plaats 2 ons rijstmasa, dan 3 ons ha gowvulling en ten slotte nog eens 2 ons rijstmasa er bovenop.
i) Wikkel het in en plaats het in een stoomboot. Stoom ongeveer 50-60 minuten tot de rijst gaar is.

VOOR DE SZECHUAN ZWARTE BONENSAUS:
j) Verwerk zwarte bonen, knoflook en chinois grof.
k) Bak de mosselen in hun schelpen in een beetje arachideolie en boter.

l) Voeg pruimenwijn en mirin toe en laat inkoken. Voeg vervolgens kippenbouillon, miso en hoisin toe en laat inkoken.
m) Verwijder de mosselen en pureer het mengsel.
n) Om de saus af te maken, monteert u de 2 ons boter.
o) Voor de Chinois-mix:
p) Meng alle ingrediënten.

70.Groene maïs tamale braadpan

INGREDIËNTEN:
- 1 (4 oz.) blik hele groene pepers
- 3 kopjes verse maïs of bevroren maïs
- ⅓ kopje gele maïsmeel
- 2 eetlepels gesmolten boter
- 2 theelepels suiker
- 1 theelepel zout
- 1 kopje geraspte kaas

INSTRUCTIES:
a) Verwarm de oven voor op 350 graden. Beboter een ovenschaal.
b) Snijd de groene pepers in brede reepjes.
c) Meng in een blender de verse of bevroren maïs, gele maïsmeel, gesmolten boter, suiker en zout tot alles goed gemengd is.
d) Leg de helft van het maïsmeelmengsel op de bodem van de beboterde ovenschaal, gevolgd door de reepjes groene pepers en geraspte kaas. Herhaal de lagen en eindig met het resterende maïsmeelmengsel erbovenop. Strooi extra kaas helemaal bovenaan.
e) Bedek de schaal met folie en bak gedurende 1 uur op 350 graden.

71. Kool Tamales

INGREDIËNTEN:
- 1 grote sluitkool
- 4 pond varkenskoteletten of varkenshaas, ongekookt
- ½ pond minutenrijst, gekookt
- 1 pond spek, ongekookt
- 1 groot blik tomatensap
- 1 middelgrote ui, gehakt
- Zout en peper naar smaak
- Rode peper (poeder)

INSTRUCTIES:
a) Kook de rijst volgens de instructies op de verpakking.
b) Snij de kern zo ver mogelijk uit de kool. Plaats de hele koolkop in heet gezouten water totdat de buitenste bladeren zacht worden. Haal het uit het water en leg het op een bord. Haal de bladeren eraf zodra ze zacht worden. Vervang de kool in langzaam kokend water totdat alle bladeren verwijderd zijn .
c) Snij het varkensvlees in vierkantjes van ongeveer een halve centimeter.
d) Bekleed de bodem en zijkanten van een braadpan met ongekookt spek.
e) Neem één koolblad per keer. Leg op elk blad een eetlepel gekookte rijst, 4 tot 5 blokjes varkensvlees, een beetje gesnipperde ui en een scheutje zout en peper (optioneel). Rol het blad op en plaats het in de braadslede. Herhaal dit proces voor elk blad.
f) Leg eventueel overgebleven vlees, ui en rijst op de gerolde koolbladeren. Beleg de bovenkant met spek.
g) Giet een blikje tomatensap en een blikje water in de braadpan. Strooi er rode peperpoeder overheen.
h) Bak afgedekt op 350 graden gedurende 3 uur.
i) Serveer de kooltamales met stokbrood. Genieten!

72. Chilahuates (in bananenbladeren verpakte tamales)

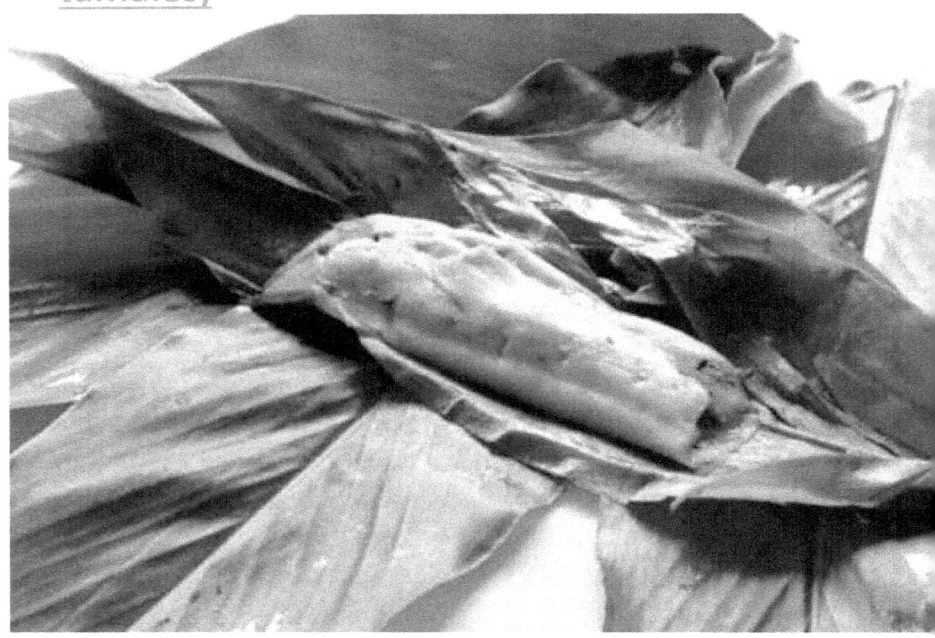

INGREDIËNTEN:
- 1 kopje zwarte bonen
- 4 kopjes masa -harina
- ½ kopje plantaardig bakvet
- 2 kopjes groentebouillon, lauw
- 1 theelepel zout
- 1 theelepel bakpoeder
- 3 bananenbladeren
- ¼ kopje plantaardige olie
- 1 teentje knoflook, fijngehakt
- ½ kopje lente-uitjes, fijngehakt
- 1 chayotepompoen, fijngehakt
- 6 jalapeno chilipepers , zonder steel en fijngehakt
- ½ kopje amandelen, geblancheerd en fijngehakt
- ¼ kopje gehakte verse koriander
- Zout, naar smaak

INSTRUCTIES:
a) Doe de zwarte bonen in een middelgrote pan, voeg water toe en breng aan de kook. Zet het vuur laag en laat afgedekt 1-2 uur sudderen tot de bonen gaar zijn. De bonen zijn gaar als de schil bij het roeren gemakkelijk breekt.
b) Klop in een mengkom de masa harina met het plantaardige bakvet, afgewisseld met de lauwe groentebouillon, tot het licht en luchtig is, ongeveer 10 minuten. Voeg het zout en het bakpoeder toe en klop nog eens 2 minuten.
c) Maak de bananenbladeren schoon en kook of verkool ze (indien niet voorgekookt). Snijd de harde nerven weg en snijd de bladeren in vierkanten van ongeveer 20-20 cm.
d) Verhit plantaardige olie in een koekenpan en bak de knoflook en lente-uitjes goudbruin. Voeg de chayote, jalapeno- chilipepers , amandelen, koriander en gekookte zwarte bonen toe. Meng goed, roer en kook alles samen. Breng op smaak met zout.
e) Verdeel op een vierkant bananenblad iets minder dan ½ kopje masa harina als een pannenkoek. Bestrijk met ongeveer 2

theelepels van het groente-bonenmengsel. Vouw het blad als een pakketje om en herhaal met de overige blaadjes en vulling.
f) Plaats de tamales in een stoompan en overlap ze diagonaal zodat er stoom doorheen kan. Dek de pan af en stoom minimaal anderhalf uur. Controleer af en toe het waterpeil.
g) Eenmaal gekookt, haal je de bananenbladeren voorzichtig uit de verpakking en serveer je de chilahuates warm. Geniet van je heerlijke, in bananenbladeren verpakte tamales!

73. Garnalen En Maïstamales

INGREDIËNTEN:
- 2 kopjes masa -harina
- 1 kop kippen- of groentebouillon
- 1/2 kopje ongezouten boter, verzacht
- 1 kop gekookte garnalen, gehakt
- 1 kopje maïskorrels
- 1/4 kop gehakte verse koriander
- 1 theelepel komijn
- Zout en peper naar smaak
- Maïsschillen om in te pakken

INSTRUCTIES:

a) Meng masa harina met bouillon en zachte boter tot een deeg.
b) Voeg gekookte garnalen, maïs, koriander, komijn, zout en peper toe.
c) Verdeel het mengsel over de maïsschillen en vouw tot tamales.
d) Stoom gedurende 1-1,5 uur.

74. Kreeft En Avocado Tamales

INGREDIËNTEN:
- 2 kopjes masa -harina
- 1 kopje vis- of groentebouillon
- 1/2 kopje ongezouten boter, verzacht
- 1 kop gekookt kreeftenvlees, gehakt
- 1/2 kopje in blokjes gesneden avocado
- 1/4 kop gehakte verse peterselie
- 1 theelepel limoenschil
- Zout en cayennepeper naar smaak
- Maïsschillen om in te pakken

INSTRUCTIES:
a) Meng masa harina met bouillon en zachte boter tot een deeg.
b) Vouw de gekookte kreeft, in blokjes gesneden avocado, peterselie, limoenschil, zout en cayennepeper erdoor.
c) Verdeel het mengsel over de maïsschillen en vouw tot tamales.
d) Stoom gedurende 1-1,5 uur.

75.Krab En Geroosterde Rode Paprika Tamales

INGREDIËNTEN:
- 2 kopjes masa -harina
- 1 kopje vis- of groentebouillon
- 1/2 kopje ongezouten boter, verzacht
- 1 kopje forfaitair krabvlees
- 1/2 kopje geroosterde rode paprika, gehakt
- 1/4 kop gehakte groene uien
- 1 theelepel Old Bay-kruiden
- Zout en zwarte peper naar smaak
- Maïsschillen om in te pakken

INSTRUCTIES:
a) Meng masa harina met bouillon en zachte boter tot een deeg.
b) Vouw het krabvlees , de geroosterde rode paprika, groene uien, Old Bay-kruiden, zout en zwarte peper erdoor.
c) Verdeel het mengsel over de maïsschillen en vouw tot tamales.
d) Stoom gedurende 1-1,5 uur.

76. Zalm En Dille Tamales

INGREDIËNTEN:
- 2 kopjes masa -harina
- 1 kopje vis- of groentebouillon
- 1/2 kopje ongezouten boter, verzacht
- 1 kopje gekookte zalm, in vlokken
- 1/4 kop gehakte verse dille
- 1/4 kop kappertjes, uitgelekt
- 1 theelepel citroenschil
- Zout en witte peper naar smaak
- Maïsschillen om in te pakken

INSTRUCTIES:
a) Meng masa harina met bouillon en zachte boter tot een deeg.
b) Vouw de gekookte zalm, dille, kappertjes, citroenschil, zout en witte peper erdoor.
c) Verdeel het mengsel over de maïsschillen en vouw tot tamales.
d) Stoom gedurende 1-1,5 uur.

CHURROS

77.Basis gebakken churros

INGREDIËNTEN:
- 1 kopje water
- 2 ½ eetlepels kristalsuiker
- ½ theelepel zout
- 2 eetlepels plantaardige olie
- 1 kopje bloem voor alle doeleinden
- 2 liter olie om te frituren
- ½ kopje kristalsuiker (aanpassen aan smaak)
- 1 theelepel gemalen kaneel

INSTRUCTIES:
a) Meng in een kleine pan op middelhoog vuur water, 2 ½ eetlepel kristalsuiker, zout en 2 eetlepels plantaardige olie.
b) Breng het mengsel aan de kook en haal het vervolgens van het vuur. Roer de bloem erdoor tot het mengsel een bal vormt.
c) Verhit de frituurolie in een frituurpan of een diepe pan tot een temperatuur van 375 graden F (190 graden C).
d) Doe het deeg in een stevige spuitzak met een middelgrote sterpunt.
e) Spuit voorzichtig een paar reepjes deeg van 5 tot 6 inch in de hete olie, werk in batches om te voorkomen dat de friteuse te vol raakt.
f) Bak de churros tot ze goudbruin zijn. Gebruik een spin of een schuimspaan om de churros uit de olie te halen en leg ze op keukenpapier om uit te lekken.
g) Combineer ½ kopje kristalsuiker met gemalen kaneel.
h) Rol de uitgelekte churros door het kaneel-suikermengsel.
i) Pas de hoeveelheid suiker aan naar jouw smaakvoorkeur.

78.Basis gebakken churros

INGREDIËNTEN:
- 1 kopje (225 g) water
- ½ kopje (4oz/113g) boter
- ½ theelepel vanille-extract
- 2 eetlepels suiker
- ¼ theelepel zout
- 143 g bloem/allesbloem
- 3 eieren (op kamertemperatuur)

INSTRUCTIES:
a) Verwarm de oven voor op 200 °C. Lijn perkamentpapier; opzij zetten.
b) Voeg in een middelgrote pan water, suiker, zout en boter toe.
c) Zet op middelhoog vuur.
d) Verhit tot de boter is gesmolten en het mengsel begint te sudderen.
e) Zodra het kookt, klop je de bloem erdoor.
f) Klop totdat er geen bloemklontjes meer zijn en er een deegbal is gevormd.
g) Nu wil je met een houten lepel het deeg rond je pan roeren en het ongeveer een minuut op LAAG vuur koken.
h) Het mengsel zal klonteren en van de zijkanten loskomen
i) Gebruik je houten lepel om een beetje van je eimengsel in je deeg te doen. Roer en pureer, verdeel het deeg tot het loskomt. Roer goed totdat de eieren zijn opgenomen en het mengsel eruitziet als aardappelpuree.
j) Ga door met het toevoegen van je eieren tot ze gecombineerd zijn
k) Doe dit door druk uit te oefenen op de zak en de leiding langzaam met een schaar door te knippen.
l) Laat ongeveer 5 cm ruimte tussen de churros.
m) Bak ongeveer 18-22 minuten of tot ze goudbruin zijn.
n) Zet dan de oven uit en laat ze daar 10 minuten staan, zodat ze een beetje kunnen drogen. Deze stap helpt ze hun vorm te behouden en niet plat te worden als ze eenmaal zijn afgekoeld.
o) Doe het gewoon een minuutje :), haal het dan van het vuur en zet het opzij.

p) Combineer eieren en vanille in een kan en klop samen.
q) Doe het deeg in een spuitzak met stermondstuk.
r) Spuit het deeg in lange churros op de met perkament bedekte pannen. Zorg ervoor dat je ze mooi dik pijpt.
s) Combineer suiker, kaneel en zout in een ritssluitingszakje .
t) Haal de churros rechtstreeks uit de oven en schep ze door het mengsel tot ze goed bedekt zijn. Je kunt dit het beste doen als de churros warm en vers uit de oven komen.
u) Geniet van je zelfgemaakte churros.

79. Kaneel Churros

INGREDIËNTEN:
- ¼ kopje boter
- 1 kopje suiker
- 1 eetlepel suiker
- ½ kopje witte maïsmeel
- ½ kopje bloem
- 3 grote eieren
- 2 theelepels kaneel

INSTRUCTIES:
a) Verhit de boter in een middelgrote pan met 1 eetlepel suiker, ½ theelepel zout en 1 kopje water tot het kookt. haal de pan van het vuur; Voeg onmiddellijk maïsmeel en bloem in één keer toe. op laag vuur,
b) Kook het mengsel, onder voortdurend roeren, tot het deeg een bal vormt, ongeveer 1 minuut. klop de eieren één voor één erdoor en klop krachtig na elke toevoeging tot het deeg glad is. Bekleed de bakplaat met keukenpapier.
c) Meng de resterende suiker met kaneel in een papieren zak of grote kom. verwarm in een diepe, zware koekenpan of Nederlandse oven 7,5 cm slaolie tot 375 graden F. Schep het deeg in een spuitzak met spuitmondje nummer 6. Spuit stukken deeg van 5 inch in de hete olie.
d) Bak tot ze aan beide kanten bruin zijn, ongeveer 1½ minuut per kant. Haal de churros met een schuimspaan uit de olie en leg ze op een bakplaat. terwijl het nog heet is, doe het in een zak en bestrijk het met het kaneel-suikermengsel. serveer onmiddellijk.

80. Churros met vijf kruiden

INGREDIËNTEN:

- Plantaardige olie (voor frituren)
- ½ kopje + 2 eetlepels suiker
- ¾ theelepel gemalen kaneel
- ¾ theelepel vijfkruidenpoeder
- 1 stokje (8 eetlepels) ongezouten boter (in stukjes gesneden)
- ¼ theelepel zout
- 1 kopje bloem voor alle doeleinden
- 3 grote eieren

INSTRUCTIES:

a) Vul een grote, zware pan met 5 cm plantaardige olie en verwarm deze tot 350 graden F met behulp van een frituurthermometer. Maak een spuitzak met een grote stervormige punt klaar en plaats een bord met keukenpapier ernaast.

b) Meng op een groot bord ½ kopje suiker, gemalen kaneel en vijfkruidenpoeder.

c) Meng in een middelgrote pan de boter, het zout, de resterende 2 eetlepels suiker en 1 kopje water. Breng dit mengsel op middelhoog vuur aan de kook. Zodra het kookt, voeg je de bloem toe en roer je krachtig met een houten lepel tot het mengsel een bal vormt. Haal het van het vuur en voeg de eieren één voor één toe, terwijl u na elke toevoeging krachtig roert. Schep het resulterende beslag in de voorbereide spuitzak.

d) Werk in batches en spuit stukken van ongeveer 5 inch van het beslag in de hete olie, waarbij u de uiteinden losmaakt van de spuitzak met een schilmesje. Zorg ervoor dat je de pot niet te vol maakt. Bak tot de churros helemaal goudbruin zijn, dit duurt ongeveer 6 minuten.

e) Leg ze op het met bakpapier beklede bord, laat ze kort uitlekken, doe ze vervolgens op het bord met het vijfkruidensuikermengsel en bestrijk ze gelijkmatig.

f) Serveer je vijfkruiden-churros onmiddellijk. Genieten!

81. Pittige maïschurros

INGREDIËNTEN:
VOOR DE SALSA EN QUESO:
- 6 gedroogde cascabel chilipepers, gesteeld en zaden verwijderd
- 4 grote tomaten, zonder klokhuis
- 2 Fresno-pepers, zonder steel
- ¾ witte ui, geschild, in partjes gesneden
- 2 teentjes knoflook, gepeld
- 2 eetlepels vers limoensap
- Kosjer zout
- 3 eetlepels ongezouten boter
- 2 eetlepels bloem voor alle doeleinden
- 1 ½ kopjes melk (of meer)
- ½ pond Monterey Jack-kaas, geraspt
- ½ pond cheddarkaas, geraspt (jong medium of scherp)

VOOR DE CHURROS:
- 1 eetlepel chilipoeder
- 2/3 kopje melk
- 6 eetlepels ongezouten boter
- ½ theelepel gemalen komijn
- ½ kopje bloem voor alle doeleinden
- ½ kopje maïsmeel
- 3 grote eieren
- Plantaardige olie (om te frituren, ongeveer 12 kopjes)

INSTRUCTIES:

a) Verwarm de oven voor op 350 ° F. Rooster de cascabel chilipepers tot ze geurig en lichtbruin zijn, ongeveer 5 minuten. Haal de chilipepers van de bakplaat en laat ze afkoelen.

b) Verhoog de oventemperatuur tot 450 ° F. Rooster de tomaten, Fresno-pepers en ui op een bakplaat met bakrand tot de schil bruin is en los begint te komen van het vruchtvlees, 30-35 minuten. Doe ze in een blender en voeg knoflook, limoensap en 2 theelepels zout toe; mixen tot een gladde substantie. Voeg de geroosterde cascabel toe chilipepers en mix tot ze grof gehakt zijn. Laat het op kamertemperatuur staan tot het klaar is om te serveren.

c) Smelt de boter in een middelgrote pan op middelhoog vuur. Roer de bloem erdoor en kook tot het ongeveer 1 minuut is opgenomen. Klop de melk erdoor en blijf koken tot het mengsel aan de kook komt en ongeveer 4 minuten dikker wordt. Zet het vuur laag, voeg geleidelijk beide kazen toe en kook, onder voortdurend roeren, tot de kaas volledig gesmolten is en de queso glad is. Als het te dik lijkt, roer er dan nog een beetje melk door. Houd de queso warm tot klaar om te serveren.
d) Plaats een spuitzak met een sterpunt. Klop chilipoeder en 1 eetlepel zout in een kleine kom; zet het opzij.
e) Breng in een middelgrote pan op middelhoog vuur melk, boter, komijn, 1¼ theelepel zout en ½ kopje water aan de kook.
f) Voeg met een houten lepel de bloem en het maïsmeel in één keer toe en meng krachtig tot het deeg samenkomt, ongeveer 30 seconden.
g) Laat het 10 minuten in de pan staan om het maïsmeel te hydrateren. Breng het mengsel over naar de kom van een keukenmixer of een grote kom.
h) Voeg met behulp van een keukenmixer uitgerust met het paddle-opzetstuk op middellage snelheid de eieren één voor één toe aan het deeg, zorg ervoor dat u elk ei opneemt voordat u het volgende toevoegt (of roer krachtig met een houten lepel). Het deeg ziet er in eerste instantie gebroken uit; blijf kloppen, terwijl je af en toe over de kom schraapt, tot het deeg glad, glanzend en enigszins rekbaar is (trek een klein stukje deeg eraf en rek het uit – het mag niet breken). Schep het deeg in de voorbereide spuitzak.
i) Giet olie in een grote pan, zodat de zijkanten halverwege komen. Monteer de pot met een thermometer en verwarm deze op middelhoog vuur tot de thermometer 350 ° F registreert. Houd de zak schuin zodat de punt zich een paar centimeter boven het oppervlak van de olie bevindt, knijp het deeg eruit en beweeg de zak terwijl u knijpt, zodat het deeg over een lengte van 15 cm in de olie wordt gestoken . Gebruik een schilmesje, Snijd het deeg aan de punt af zodat het in de olie komt. Herhaal dit proces om nog 4 deeglengtes te maken.

j) Bak de churros, keer ze één keer en pas de hitte zo nodig aan om de olietemperatuur op peil te houden, tot ze aan alle kanten goudbruin zijn, 2 à 3 minuten per kant. Breng ze over naar een met keukenpapier beklede bakplaat. Herhaal met het resterende deeg.
k) Bestrooi de warme churros met het achtergehouden chili-zoutmengsel. Schep de salsa over de warme queso en roer om te combineren; Serveer met warme churros. Genieten!

82. Chocolade churros

INGREDIËNTEN:
- 1 kopje water
- 2 eetlepels suiker
- ½ theelepel zout
- 2 eetlepels plantaardige olie
- 1 kopje bloem voor alle doeleinden
- Plantaardige olie om te frituren
- ¼ kopje poedersuiker (om te bestuiven)
- ½ kopje chocoladestukjes
- ¼ kopje zware room

INSTRUCTIES:
a) Meng in een pan water, suiker, zout en plantaardige olie. Breng het mengsel aan de kook.
b) Haal de pan van het vuur en voeg de bloem toe. Roer tot het mengsel een bal deeg vormt.
c) Verhit plantaardige olie in een diepe koekenpan of pan op middelhoog vuur.
d) Doe het deeg in een spuitzak voorzien van een stervormig spuitmondje.
e) Spuit het deeg in de hete olie en snij het met een mes of schaar in stukken van 10-15 cm.
f) Bak aan alle kanten goudbruin en keer af en toe.
g) Haal de churros uit de olie en laat ze uitlekken op keukenpapier.
h) Bestrooi de churros met poedersuiker.
i) Combineer chocoladestukjes en slagroom in een magnetronbestendige kom. Magnetron in intervallen van 30 seconden, tussendoor roeren tot een gladde massa.
j) Serveer de churros met de chocoladesaus om te dippen.

83.Met karamel gevulde churros

INGREDIËNTEN:
- 1 kopje water
- 2 eetlepels suiker
- ½ theelepel zout
- 2 eetlepels plantaardige olie
- 1 kopje bloem voor alle doeleinden
- Plantaardige olie om te frituren
- ¼ kopje suiker (voor coating)
- 1 theelepel gemalen kaneel (voor coating)
- Bereide karamelsaus

INSTRUCTIES:
a) Meng in een pan water, suiker, zout en plantaardige olie. Breng het mengsel aan de kook.
b) Haal de pan van het vuur en voeg de bloem toe. Roer totdat het mengsel een bal deeg vormt.
c) Verhit plantaardige olie in een diepe koekenpan of pan op middelhoog vuur.
d) Doe het deeg in een spuitzak voorzien van een stervormig spuitmondje.
e) Spuit het deeg in de hete olie en snij het met een mes of schaar in stukken van 10-15 cm.
f) Bak aan alle kanten goudbruin en keer af en toe.
g) Haal de churros uit de olie en laat ze uitlekken op keukenpapier.
h) Meng suiker en kaneel in een aparte kom. Rol de churros door het kaneelsuikermengsel tot ze bedekt zijn.
i) Vul de churros met een spuit of spuitzak met bereide karamelsaus.
j) Serveer de met karamel gevulde churros warm.

84. Dulce De Leche Churros

INGREDIËNTEN:
- 1 kopje water
- 2 eetlepels suiker
- ½ theelepel zout
- 2 eetlepels plantaardige olie
- 1 kopje bloem voor alle doeleinden
- Plantaardige olie om te frituren
- ¼ kopje suiker (voor coating)
- 1 theelepel gemalen kaneel (voor coating)
- Bereide dulce de leche

INSTRUCTIES:

a) Meng in een pan water, suiker, zout en plantaardige olie. Breng het mengsel aan de kook.
b) Haal de pan van het vuur en voeg de bloem toe. Roer totdat het mengsel een bal deeg vormt.
c) Verhit plantaardige olie in een diepe koekenpan of pan op middelhoog vuur.
d) Doe het deeg in een spuitzak voorzien van een stervormig spuitmondje.
e) Spuit het deeg in de hete olie en snij het met een mes of schaar in stukken van 10-15 cm.
f) Bak aan alle kanten goudbruin en keer af en toe.
g) Haal de churros uit de olie en laat ze uitlekken op keukenpapier.
h) Meng suiker en kaneel in een aparte kom. Rol de churros door het kaneelsuikermengsel tot ze bedekt zijn.
i) Serveer de churros met bereide dulce de leche om te dippen.

VLAAI

85. Chocolade vlaai

INGREDIËNTEN:
- 1 kopje suiker
- 4 eieren
- 2 kopjes melk
- ½ kopje zware room
- 1 theelepel vanille-extract
- 4 ons bitterzoete chocolade, gehakt

INSTRUCTIES:
a) Verwarm de oven voor op 350 ° F.
b) Smelt de suiker in een kleine pan op middelhoog vuur tot het verandert in een goudbruine karamel.
c) Giet de karamel in een ronde cakevorm van 9 inch en draai de pan rond om de bodem en zijkanten te bedekken.
d) Klop in een grote kom de eieren, melk, room, vanille-extract en gehakte chocolade tot een gladde massa.
e) Giet het eimengsel in de cakevorm en plaats de pan in een grotere ovenschaal gevuld met heet water, zodat er een waterbad ontstaat.
f) Bak gedurende 50-60 minuten, of totdat de vlaai stevig is maar nog steeds lichtjes wiebelt in het midden.
g) Haal de pan uit het waterbad en laat hem afkoelen tot kamertemperatuur.
h) Dek af en zet minimaal 2 uur of een nacht in de koelkast.
i) Om te serveren, haalt u een mes langs de rand van de pan en keert u de vlaai om op een serveerschaal.

86.Vanille Baileys Karamelvlaai

INGREDIËNTEN:
- ¾ kopje suiker
- ¼ kopje water
- 14 ounce kan gecondenseerde melk
- 12 ounce kan verdampte melk
- 3 grote eieren
- ½ kopje Baileys
- ½ eetlepel vanille-extract
- snufje zout

INSTRUCTIES:
a) Verwarm de oven voor op 350F.
b) Maak een goudbruine suikersiroop door de suiker en het water in een kleine pan te koken. Zet je vlaaivorm klaar!
c) Wervel de hete suikerkaramel rondom de vlaaivorm en bedek de zijkanten en bodem goed. Opzij zetten.
d) Klop de gecondenseerde melk, de verdampte melk, de eieren, de Baileys, het vanille-extract en het zout door elkaar.
e) Giet het mengsel in de taartvorm en bak het ongeveer 1 uur in een waterbad, tot het in het midden niet meer beweegt.
f) Laat het een nacht staan en plaats de pan in warm water om de karamel los te maken. Draai snel om op een bord en serveer gekoeld.

87.Pittige Horchata-vlaai

INGREDIËNTEN:
- ¾ kopje kristalsuiker
- Kosjer zout
- ½ theelepel gemalen kaneel
- ⅛ theelepel cayennepeper (of meer, afhankelijk van hoeveel pittigheid je lekker vindt)
- 10 Pete en Gerry's biologische eierdooiers
- 6 ons horchata -concentraat
- 2 (12-ounce) blikjes verdampte melk

INSTRUCTIES:
a) Verwarm de oven tot 350 ° F. Combineer 3 eetlepels water, suiker en een snufje zout in een kleine pan op middelhoog vuur. Smelt de suiker zonder te roeren tot deze volledig is opgelost, ongeveer 5 minuten.
b) Zodra de suiker is gesmolten , zet u het vuur middelhoog en blijft u koken tot het een diepe amberkleur heeft, waarbij u de pan af en toe zachtjes ronddraait, 15 tot 18 minuten. Zet het vuur indien nodig laag.
c) Zodra de karamel een diepe amberkleur heeft bereikt, zet je het vuur lager, voeg je de gemalen kaneel en cayennepeper toe en draai je de pan krachtig rond om te combineren. Giet de karamel vervolgens onmiddellijk in een taartvorm van 20 cm, of verdeel gelijkmatig over de schaaltjes. Laat de karamel volledig afkoelen.
d) Terwijl de karamel afkoelt, combineer je de eidooiers, het horchata- concentraat en de verdampte melk in een grote kom. Klop heel voorzichtig in cirkelvormige bewegingen. Hoe harder je klopt, hoe meer belletjes er in de custard ontstaan, waardoor er belletjes in het eindproduct achterblijven.
e) Giet het mengsel voorzichtig door een zeef in een maatbeker. Je zou ongeveer 4 kopjes mengsel moeten hebben. Laat het mengsel rusten om eventueel gevormde belletjes te laten bezinken . Giet het mengsel in de cakevorm of verdeel het mengsel gelijkmatig in schaaltjes.
f) Plaats de taartvorm in een braadpan en plaats de braadpan in de oven. Voeg kokend water toe aan de braadpan zodat deze de

vlaaipan omringt met ongeveer 2,5 cm water. Bak de vlaai tot hij stevig is aan de randen en nog wiebelt in het midden, 40 tot 45 minuten.

g) Haal de vlaaipan uit het waterbad en laat afkoelen tot kamertemperatuur. Zet in de koelkast en laat ongeveer 4 uur opstijven. Wanneer u klaar bent om te serveren, haalt u de vlaai uit de koelkast en laat u deze 10 minuten rusten. Ga met een mes langs de randen en plaats een serveerschaal ondersteboven over de bovenkant. Keer de vlaai om op de schaal en schraap eventuele losse karamel eruit.

88. Pimentvlaai

INGREDIËNTEN:
- 1 kopje kristalsuiker
- 6 grote eieren
- 1 blikje (14 ounces) gezoete gecondenseerde melk
- 2 kopjes volle melk
- 1 theelepel vanille-extract
- 1 theelepel gemalen piment

INSTRUCTIES:
a) Verwarm uw oven voor op 350 ° F.
b) Verhit de suiker in een kleine pan op middelhoog vuur, onder voortdurend roeren, tot hij smelt en goudbruin kleurt.
c) Giet de karamel in een ronde cakevorm van 9 inch en draai hem rond om de bodem en zijkanten van de pan te bedekken.
d) Klop in een grote mengkom de eieren, gecondenseerde melk, volle melk, vanille-extract en gemalen piment tot alles goed gemengd is.
e) Giet het mengsel in de voorbereide pan.
f) Plaats de pan in een grote braadpan en giet voldoende heet water in de braadpan, zodat het halverwege de zijkanten van de taartvorm komt.
g) Bak ongeveer 50-55 minuten, of tot de vlaai stevig is maar nog steeds beweegt in het midden.
h) Haal de cakevorm uit het waterbad en laat hem afkoelen tot kamertemperatuur.
i) Zodra het is afgekoeld, keert u de vlaai om op een serveerschaal en garneer met een snufje gemalen piment.

TRES LECHES-CAKE

89.Passievrucht Tres Leches-cake

INGREDIËNTEN:
VOOR DE TAART:
- 12 eetlepels (170 g) ongezouten boter, op kamertemperatuur
- 1 ½ kopjes (297 g) kristalsuiker
- 7 grote eieren (397 g).
- 1 ½ theelepel (7 g) vanille-extract
- 2 ¼ kopjes (271 g) bloem voor alle doeleinden
- 1 ½ theelepel (6 g) bakpoeder
- ¾ theelepel (3 g) fijn zeezout

WEKEN:
- ¾ kopje (185 g) passievruchtensap (merk Goya aanbevolen)
- ½ kopje (112 g) volle melk
- Eén (14 ounce) blikje gezoete gecondenseerde melk
- Eén (12-ounce) blikje verdampte melk
- Licht gezoete slagroom, ter afwerking
- Passievruchtpulp, voor afwerking

INSTRUCTIES:
a) Verwarm de oven voor op 350 ° F. Vet een 9x13 pan licht in met anti-aanbakspray.
b) In de kom van een elektrische mixer voorzien van het paddle-opzetstuk, klop je de boter en de suiker tot ze licht en luchtig zijn, 4-5 minuten.
c) Voeg de eieren één voor één toe en meng goed om te combineren. Voeg de vanille toe en meng om op te nemen.
d) Klop in een middelgrote kom de bloem, het bakpoeder en het zout door elkaar. Voeg het mengsel toe aan de mixer en meng tot het is opgenomen. Goed schrapen om er zeker van te zijn dat het beslag gelijkmatig wordt gemengd .
e) Giet het mengsel in de voorbereide bakvorm. Bak tot een tandenstoker die in het midden wordt gestoken er schoon uitkomt, 38-40 minuten. Laat volledig afkoelen.
f) Prik de cake rondom in met een houten spies. Giet het passievruchtensap gelijkmatig over de hele taart. Klop in een grote container met een schenktuit de melk, de gezoete gecondenseerde melk en de verdampte melk door elkaar.

g) Giet het mengsel voorzichtig over de cake en laat het door de gaatjes naar binnen trekken. Als er wat vloeistof op het oppervlak ophoopt, schep dit dan terug over de cake tot het is opgenomen (laat het ongeveer 30 minuten staan).
h) Maak de taart af met slagroom en verse passievruchtenpulp. Serveer onmiddellijk of bewaar maximaal 5 uur in de koelkast voordat u het serveert.

90.Guava Tres Leches-cake

INGREDIËNTEN:
VOOR DE TAART:
- 1 ¾ kopjes bloem
- 1 theelepel bakpoeder
- ¼ theelepel zout
- 6 eieren, scheid de dooiers van het eiwit
- ½ kopje ongezouten boter, kamertemperatuur
- 1 kopje witte kristalsuiker
- ½ kopje volle melk
- 2 theelepels vanille-extract

VOOR DE TRES LECHES GLAZUUR:
- 14 ons gezoete gecondenseerde melk
- 12 ons verdampte melk
- 12 ons volle melk (kan naar smaak meer worden toegevoegd)

VOOR DE SLAGROOM & GUAVETOPPING:
- 2 kopjes zware room
- 3 eetlepels witte kristalsuiker
- 1 theelepel vanille-extract
- ½ kopje guavemarmelade (kan naar smaak meer worden toegevoegd)

INSTRUCTIES:
MAAK DE TAART:
a) Meng in een kom de bloem, bakpoeder en zout. Opzij zetten.
b) Scheid de eieren en doe het eiwit in een schone kom.
c) Meng boter en suiker in een keukenmixer. Meng tot een romig mengsel (ongeveer 3-5 minuten).
d) Voeg de eierdooiers één voor één toe en meng na elke toevoeging.
e) Meng het vanille-extract en ½ kopje melk erdoor.
f) Verwarm de oven voor op 350 graden F.
g) Voeg geleidelijk het bloemmengsel toe aan de natte ingrediënten en schraap indien nodig de zijkanten van de kom.
h) Breng het beslag over naar een aparte kom.
i) Klop de eiwitten in een schone mengkom tot er stijve pieken ontstaan.
j) Spatel het opgeklopte eiwit door het cakebeslag.

k) Vet een ovenschaal van 9x13 in en giet het beslag erin.
l) Bak op 350 graden F gedurende 25-30 minuten of totdat een tandenstoker er droog uitkomt.
m) Haal de taart uit de oven en prik er met een vork gaatjes in.
n) Meng in een kom de gezoete gecondenseerde melk, de verdampte melk en de volle melk. Giet het glazuur met een half kopje per keer over de cake en herhaal dit 2-3 keer.
o) Werk af met slagroom en klodders guavemarmelade. Roer de guavemarmelade door de slagroom.
p) Zet minimaal 4 uur of een nacht in de koelkast voordat u het serveert.

SLAGROOM TOPPING:
q) Voeg in een keukenmixer slagroom, suiker en vanille-extract toe.
r) Meng op hoge snelheid tot er stijve pieken ontstaan en het op slagroom lijkt. Meng niet te veel.
s) Bestrijk de volledig afgekoelde cake met slagroom en klodders guavemarmelade. Genieten!

91.Baileys Tres Leches -taart

INGREDIËNTEN:
VOOR DE TAART:
- 1 ½ kopjes (6,75 ounces of 191 gram) bloem voor alle doeleinden
- 1 ½ theelepel bakpoeder
- ½ theelepel koosjer zout
- ½ kopje (4 ounces of 113 gram) volle melk
- 1 ½ theelepel puur vanille-extract
- 6 grote eieren, gescheiden in eiwit en dooiers
- 1 kop (7 ounces of 198 gram) kristalsuiker

VOOR DE BAILEYS TRES LECHES SOAK:
- 1 (14 ounce) blikje gezoete gecondenseerde melk
- 1 (12 ounce) kan verdampte melk
- ½ kopje (4 ounces of 113 gram) Baileys Irish Cream

VOOR DE SLAGROOM:
- 1 ½ kopjes (12 ounces of 340 gram) koude slagroom
- ¼ kopje (28 gram) banketbakkerssuiker, indien nodig gezeefd
- Cacaopoeder, voor garnering
- Espressopoeder, voor garnering

INSTRUCTIES:
VOOR DE BAILEYS TRES LECHES-TAART:
a) Verwarm de oven voor op 350 ° F en spuit een cakevorm van 9 x 13 inch royaal in met kookspray.
b) Meng de bloem, het bakpoeder en het zout in een kleine kom. Klop in een aparte kom de melk en de vanille door elkaar.
c) Klop de eiwitten in een keukenmixer tot er stijve pieken ontstaan. Klop in een andere kom de eierdooiers en de suiker lichtgeel. Voeg langzaam de natte ingrediënten toe en spatel de droge ingrediënten en het eiwit erdoor.
d) Giet het beslag in de voorbereide pan en bak gedurende 18 tot 20 minuten. Laat volledig afkoelen op een rooster.

VOOR HET WEKEN:
e) Als de cake is afgekoeld, prik je met een vork gaatjes in de bovenkant. Klop in een maatbeker de gezoete gecondenseerde melk, de verdampte melk en Baileys door elkaar. Giet langzaam

over de cake, zodat de vloeistof kan intrekken. Zet 3 tot 4 uur of een hele nacht in de koelkast.

VOOR SLAGROOM:
f) Meng in een keukenmixer koude zware room en banketbakkerssuiker. Klop tot er zachte pieken ontstaan.

MONTEREN VOOR HET SERVEREN:
g) Verdeel de slagroom over de taart met behulp van een spatel.
h) Garneer met cacaopoeder en espressopoeder.

92.Wit-Russische Tres Leches

INGREDIËNTEN:
VOOR DE TAART:
- 1 ¾ kopjes cakemeel
- 2 theelepels bakpoeder
- 4 eieren, gescheiden
- 1 ½ kopje kristalsuiker
- ¼ theelepel zout
- 2 theelepels vanille-extract
- ½ kopje volle melk

VOOR DE SAUS:
- 1 (14 ounces) blikje gecondenseerde melk
- 1 (12 ounces) kan verdampte melk
- ½ kopje volle melk
- ⅓ kopje wodka
- ⅓ kopje koffielikeur (zoals Kahlua)
- ⅓ kopje Ierse roomlikeur (zoals Bailey's)

VOOR DE TOPPING:
- 2 kopjes zware room
- 1 ½ eetlepel kristalsuiker
- 2 theelepels vanille-extract
- Ongezoet cacaopoeder om te bestuiven (optioneel)

INSTRUCTIES:

a) Verwarm uw oven voor op 350 ° F (177 ° C, stand 4).

b) Zeef cakemeel, bakpoeder en zout door elkaar. Opzij zetten.

c) Klop het eiwit in een keukenmixer met gardeopzetstuk of een grote mengkom met een handmixer op gemiddelde snelheid tot het op een bubbelbad lijkt. Voeg 1 ½ kopje suiker toe en klop op hoge snelheid tot er stijve pieken ontstaan.

d) Klop de eierdooiers langzaam één voor één erdoor. Voeg de helft van de droge ingrediënten, de helft van de melk en het vanille-extract, de rest van de droge ingrediënten en de resterende melk toe. Roer tot alles net gemengd is en giet het dan in een ovenschaal van 9 x 13 inch.

e) Bak gedurende 30-35 minuten totdat een in het midden geplaatste tester er schoon uitkomt.

f) Meng de sausingrediënten in een kom tot een gladde massa. Terwijl de cake nog warm is, prikt u met een spies gaten in de bovenkant en giet u de saus gelijkmatig over de cake.
g) Zet de cake minimaal 2 uur in de koelkast, of een hele nacht als je hem van tevoren hebt gemaakt.
h) Voor de topping: slagroom en suiker op hoge snelheid kloppen tot er stijve pieken ontstaan. Roer vanille erdoor.
i) Spuit of smeer de slagroom op de taart en bestuif eventueel met ongezoet cacaopoeder.
j) Serveer en geniet!

93.Perzik Bourbon Tres Leches

INGREDIËNTEN:
VOOR DE TAART:
- 1 kopje bloem voor alle doeleinden
- 1 ½ theelepel bakpoeder
- ¼ theelepel zout
- 5 eieren, kamertemperatuur
- 1 kopje suiker, verdeeld
- ⅓ kopje melk
- ½ theelepel vanille-extract

VOOR HET MELKMENGSEL:
- 1 (14 ounce) blikje gezoete gecondenseerde melk
- 1 (12 ounce) kan verdampte melk
- ¾ kopje zware slagroom
- ¼ kopje bourbon
- ½ theelepel kaneel

VOOR MONTAGE:
- 4 tot 5 perziken, indien gewenst geschild en in plakjes gesneden

GESLAGDE TOPPING:
- 2 ½ kopjes slagroom
- ¼ kopje suiker

INSTRUCTIES:
a) Verwarm de oven voor op 350 graden. Beboter een pan van 9 x 13 inch. Bekleed de pan met bakpapier en beboter deze lichtjes.
b) Zeef de bloem, bakpoeder en zout door elkaar.
c) Klop in een elektrische mixer de eidooiers met ¾ kopje suiker op gemiddelde snelheid tot ze bleek en romig zijn (ongeveer 2 minuten). Klop de melk en vanille erdoor.
d) Klop in een schone mengkom de eiwitten op, beginnend op lage snelheid en verhogend naar hoge snelheid tot zich zachte pieken vormen (ongeveer 2 tot 3 minuten). Voeg geleidelijk ¼ kopje suiker toe en blijf kloppen tot er stevige pieken ontstaan.
e) Meng in drieën ⅓ van het bloemmengsel en vervolgens ⅓ van het eiwit door het eigeelmengsel met behulp van een rubberen spatel. Herhaal dit proces nog 2 keer.

f) Giet het beslag in de voorbereide pan en bak gedurende 20 tot 25 minuten. Laat de cake 5 minuten afkoelen, keer hem dan om op een koelrek, verwijder het bakpapier en laat hem volledig afkoelen. Doe de cake terug in de bakvorm.
g) Klop in een middelgrote kom de gezoete gecondenseerde melk, de verdampte melk, ¾ kopje zware slagroom, bourbon en kaneel samen.
h) Prik met een vork gaatjes in de cake en giet langzaam het bourbonmengsel over de bovenkant van de cake.
i) Bedek de cake met plasticfolie en zet hem minimaal 4 uur of een hele nacht in de koelkast.
j) Bestrijk de bovenkant van de cake met plakjes perzik, bewaar een paar plakjes voor garnering.
k) Om de opgeklopte topping te maken, klopt u de slagroom met een elektrische mixer op gemiddelde snelheid. Als het dikker begint te worden, voeg je langzaam suiker toe. Blijf kloppen totdat er stevige pieken ontstaan. Verdeel het over de taart.
l) Garneer met achtergehouden perzikschijfjes.
m) Geniet van deze koele, romige en rijke Peach Bourbon Tres Leches Cake op uw volgende zomerbijeenkomst!

94.Margarita Tres Leches-taart

INGREDIËNTEN:
- 4 grote eieren, gescheiden
- 1 kopje suiker
- ½ kopje tequila
- ½ kopje gesmolten boter
- 6 eetlepels Key limoensap, verdeeld
- 1 theelepel vanille-extract
- 1-¾ kopjes bloem voor alle doeleinden
- 1 theelepel zuiveringszout
- ½ theelepel zout
- ½ kopje banketbakkerssuiker
- 1 theelepel wijnsteencrème
- 1 blikje (14 ounces) gezoete gecondenseerde melk
- 1 kopje 2% melk
- ½ kopje verdampte melk
- ½ kopje zware slagroom
- Optioneel: slagroom, limoenschijfjes en schil

INSTRUCTIES:

a) Doe het eiwit in een grote kom; laat 30 minuten bij kamertemperatuur staan. Vet en bloem een 13x9-in. koekenpan; opzij zetten. Verwarm de oven voor op 375 °.

b) Klop de suiker, tequila, gesmolten boter, dooiers, 3 eetlepels limoensap en vanille tot alles goed gemengd is. Combineer bloem, zuiveringszout en zout; klop geleidelijk door het dooiermengsel tot het gemengd is.

c) Voeg banketbakkerssuiker en wijnsteenroom toe aan het eiwit; klop met schone kloppers tot er stijve pieken ontstaan. Spatel door het beslag. Breng over naar de voorbereide pan.

d) Bak tot een tandenstoker die in het midden wordt gestoken er schoon uitkomt, 18-20 minuten. Plaats de pan op een rooster. Prik met een houten spies gaten in de cake, ongeveer ½ inch uit elkaar.

e) Klop de gecondenseerde melk, 2% melk, verdampte melk, slagroom en het resterende limoensap tot een mengsel. Sprenkel over de taart; laat 30 minuten staan. Zet 2 uur in de koelkast voordat u het serveert.

f) Snijd de taart in vierkanten. Garneer indien gewenst met slagroom, limoenschijfjes en schil.

95.Pumpkin Spice Tres Leches -taart

INGREDIËNTEN:
VOOR DE TAART:
- 1½ kopjes kristalsuiker
- 15 ons (1 blik) pure pompoenpuree (gebruik geen pompoentaartvulling)
- ¾ kopje plantaardige of koolzaadolie
- 2 theelepels puur vanille-extract
- 4 grote eieren
- 2 kopjes All-purpose Flour
- 2 theelepels bakpoeder
- 1 theelepel zuiveringszout
- ½ theelepel zout
- 2 theelepel gemalen kaneel
- 1½ theelepel pompoentaartkruiden

VOOR DE TRES LECHES-VULLING:
- ¾ kopje zware slagroom
- 12 ons verdampte melk (één blikje)
- 14 ons gezoete gecondenseerde melk (één blikje)

VOOR HET glazuur van de slagroom:
- 1¼ kopjes zware slagroom
- ¼ kopje banketbakkerssuiker
- Gemalen kaneel, voor het afstoffen van de bovenkant (optioneel)

INSTRUCTIES:
a) Verwarm de oven voor op 350 ° F. Vet een 13x9 lichtmetalen rechthoekige bakvorm in met kookspray. Opzij zetten.
b) Meng in een grote kom van een keukenmixer kristalsuiker, pompoenpuree, olie, eieren en vanille-extract tot ze net gemengd zijn. Meng in een aparte kom de bloem, bakpoeder, zuiveringszout, zout en kruiden. Voeg geleidelijk het bloemmengsel toe aan het pompoenmengsel en meng tot een glad mengsel. Giet het beslag in de voorbereide pan en strijk de bovenkant glad.
c) Bak gedurende 25-30 minuten of tot een tandenstoker die je in het midden steekt er schoon uitkomt. Laat het 15 minuten afkoelen.
d) Terwijl de cake afkoelt, klop je zware slagroom, verdampte melk en gezoete gecondenseerde melk in een kom. Opzij zetten.

e) Prik gaten in de warme cake met een spies, deuvel of het handvat van een houten lepel. Giet het melkmengsel gelijkmatig over de cake. Dek af en zet 8 uur of een nacht in de koelkast.
f) Vlak voor het serveren de zware slagroom en banketbakkerssuiker door elkaar kloppen tot zich stijve pieken vormen.
g) Verdeel de slagroom over de taart en bestuif eventueel met gemalen kaneel.
h) Bewaar de taart afgedekt in de koelkast.

96.Kaneel Tres Leches -taart

INGREDIËNTEN:
VOOR DE TAART:
- 1 kopje bloem voor alle doeleinden
- 1 ½ theelepel bakpoeder
- ¼ theelepel zout
- 4 grote eieren
- 1 kopje kristalsuiker
- ⅓ kopje volle melk
- 1 theelepel vanille-extract

VOOR HET MELKMENGSEL:
- 1 blikje (14 ounces) gezoete gecondenseerde melk
- 1 blikje (12 ounces) verdampte melk
- 1 kopje volle melk

VOOR DE TOPPING:
- 2 kopjes zware room
- 2 eetlepels poedersuiker
- Gemalen kaneel voor garnering

INSTRUCTIES:
a) Verwarm de oven voor op 175 °C (350 °F) en vet een ovenschaal van 9 x 13 inch in.
b) Zeef de bloem, het bakpoeder en het zout in een kom.
c) Klop in een aparte kom de eieren en de suiker tot een licht en luchtig mengsel. Voeg de melk en het vanille-extract toe en meng goed.
d) Voeg geleidelijk de droge ingrediënten toe aan het eimengsel en meng tot een glad mengsel.
e) Giet het beslag in de voorbereide ovenschaal en bak ongeveer 30 minuten, of totdat een tandenstoker die in het midden wordt gestoken er schoon uitkomt.
f) Terwijl de cake nog warm is, prikt u hem helemaal in met een vork.
g) Meng in een aparte kom de drie soorten melk (gezoete gecondenseerde melk, verdampte melk en volle melk).
h) Giet het mengsel van drie melk gelijkmatig over de warme cake. Laat het weken en afkoelen tot kamertemperatuur.

i) Klop in een andere kom de slagroom met de poedersuiker tot er stijve pieken ontstaan.
j) Verdeel de slagroom over de bovenkant van de taart.
k) Chill de Tres Leches Cake in de koelkast gedurende een paar uur alvorens te serveren.
l) Bestrooi vlak voor het serveren met gemalen kaneel.

DESSERTBORDEN

97.Cinco De Mayo Fiesta-dessertbord

INGREDIËNTEN:
- Churro-beten
- Tres Leches taartvierkantjes
- Margarita-cupcakes
- Met Dulce de Leche gevulde Conchas
- Mangoschijfjes met Chili Limoen Kruiden
- Mexicaanse chocoladetruffels
- Piñata-suikerkoekjes

INSTRUCTIES:
a) Schik churro-hapjes en tres leches taartvierkantjes.
b) Plaats margarita cupcakes en met dulce de leche gevulde schelpjes .
c) Bestrooi de mangoplakken met chili-limoenkruiden.
d) Voeg Mexicaanse chocoladetruffels en piñata-suikerkoekjes toe.

98. Churro-dessertbord

INGREDIËNTEN:
- Zelfgemaakte of in de winkel gekochte churros
- Dulce de leche -saus
- Chocolade saus
- Kaneel suiker
- Verse bessen (aardbeien, frambozen, bosbessen)
- Gesneden mango's
- Gesneden ananas
- Slagroom
- Miniatuur Mexicaanse snoepjes (zoals pittige tamarindesnoepjes)
- Karamelsaus (optioneel)

INSTRUCTIES:
a) Schik de churros in het midden van een grote serveerplank of schaal.
b) Plaats kleine kommen dulce de leche -saus, chocoladesaus en kaneelsuiker rond de churros.
c) Schik verse bessen, gesneden mango's en gesneden ananas in clusters rond het bord.
d) Voeg klodders slagroom toe tussen de fruittrossen.
e) Verspreid miniatuur Mexicaanse snoepjes over het bord voor extra kleur en smaak.
f) Druppel eventueel karamelsaus over de churros voor extra zoetheid.
g) Serveer het churro-dessertbord en geniet ervan!

99. Tres Leches Dessertbord

INGREDIËNTEN:
- Tres leches cake, in kleine vierkantjes gesneden
- Slagroom
- Gesneden aardbeien
- Gesneden kiwi's
- Gesneden perziken
- Gesneden bananen
- Geroosterde kokosvlokken
- Gehakte noten (zoals amandelen of pecannoten)
- Verse muntblaadjes ter garnering
- Dulce de leche -saus (optioneel)

INSTRUCTIES:
a) Schik de tres leches cakevierkanten in het midden van een grote serveerplank of schaal.
b) Plaats klodders slagroom rond de taartvierkanten.
c) Schik de gesneden aardbeien, kiwi's, perziken en bananen in clusters rond het bord.
d) Strooi geroosterde kokosnootvlokken en gehakte noten over de slagroom en het fruit.
e) Garneer met verse muntblaadjes voor een vleugje kleur.
f) Druppel eventueel dulce de leche -saus over de tres leches cakevierkantjes voor extra zoetheid.
g) Serveer de tres leches dessertbord en geniet ervan!

100.Mexicaanse Fruitsalade Dessertbord

INGREDIËNTEN:
- Geassorteerd vers fruit (zoals watermeloen, meloen, honingdauw, ananas, mango, jicama, komkommer)
- Tajín- kruiden
- Limoenpartjes
- Chamoy saus
- Tamarinde snoepjes
- Kokosnoot chips
- Mexicaanse paletas (ijslolly's) in verschillende smaken (zoals mango, limoen of kokosnoot)
- Verse muntblaadjes ter garnering

INSTRUCTIES:
a) Snijd het diverse verse fruit in hapklare stukjes en schik ze in kleurrijke trossen op een grote serveerplank of schaal.
b) Strooi Tajín- kruiden over het fruit of serveer het in een klein kommetje apart.
c) Plaats limoenpartjes rond het bord om over het fruit te knijpen.
d) Sprenkel chamoysaus over een deel van het fruit voor een pittige en pittige smaak.
e) Verdeel tamarindesnoepjes en kokosnootchips over het bord voor extra textuur en smaak.
f) Schik Mexicaanse paletas (ijslolly's) in verschillende smaken op het bord voor een verfrissende traktatie.
g) Garneer met verse muntblaadjes voor een finishing touch .
h) Serveer het Mexicaanse dessertbord met fruitsalade en geniet van de levendige smaken van de tropen!

CONCLUSIE

Nu we onze culinaire reis door de levendige en heerlijke wereld van Cinco de Mayo afsluiten, hoop ik dat dit kookboek je inspiratie, vreugde en een diepere waardering voor de Mexicaanse keuken en cultuur heeft gegeven. Van het gesis van taco's tot de zoetheid van tres leches , elk recept is met zorg samengesteld om de ware essentie van Cinco de Mayo op uw tafel te brengen.

Ik wil je hartelijk bedanken voor je deelname aan dit smaakvolle avontuur. Jouw enthousiasme en passie voor het ontdekken van nieuwe smaken en het vieren van diverse culturen hebben deze reis echt speciaal gemaakt. Mogen uw toekomstige Cinco de Mayo-vieringen gevuld zijn met gelach, liefde en onvergetelijke culinaire ervaringen.

Terwijl u het rijke aanbod van de Mexicaanse keuken blijft ontdekken, zult u vreugde vinden in het delen van deze heerlijke gerechten met uw dierbaren en het creëren van dierbare herinneringen rond de eettafel . Of je nu feestelijke bijeenkomsten organiseert, geniet van gezellige familiemaaltijden, of jezelf gewoon trakteert op een heerlijke taco of stukje tres leches cake, moge de geest van Cinco de Mayo altijd bij je zijn.

Nogmaals bedankt dat ik deel mocht uitmaken van jullie culinaire avontuur. Moge uw keuken, totdat we elkaar weer ontmoeten, gevuld zijn met de levendige smaken en warme gastvrijheid van Mexico. ¡Viva Cinco de Mayo!

www.ingramcontent.com/pod-product-compliance
Lightning Source LLC
Chambersburg PA
CBHW050019130526
44590CB00042B/1021